国家智库报告 2016（10）
National Think Tank
法治指数与法治国情

中国法院信息化第三方评估报告

中国社会科学院法学研究所 国家法治指数研究中心 法治指数创新工程项目组 著

THIRD PARTY EVALUATION REPORT ON THE INFORMATIZATION OF CHINESE COURTS

中国社会科学出版社

图书在版编目(CIP)数据

中国法院信息化第三方评估报告／中国社会科学院法学研究所国家法治指数研究中心，法治指数创新工程项目组著．—北京：中国社会科学出版社，2016.3

（国家智库报告）

ISBN 978-7-5161-7722-8

Ⅰ.①中… Ⅱ.①中… ②法… Ⅲ.①法院—信息管理—研究报告—中国 Ⅳ.①D926.2

中国版本图书馆 CIP 数据核字(2016)第 040641 号

出 版 人 赵剑英
责任编辑 王 茵
特约编辑 马 明
责任校对 王佳玉
责任印制 李寡寡

出　　版 中国社会科学出版社
社　　址 北京鼓楼西大街甲 158 号
邮　　编 100720
网　　址 http://www.csspw.cn
发 行 部 010-84083685
门 市 部 010-84029450
经　　销 新华书店及其他书店

印刷装订 北京君升印刷有限公司
版　　次 2016 年 3 月第 1 版
印　　次 2016 年 3 月第 1 次印刷

开　　本 787×1092 1/16
印　　张 13
插　　页 2
字　　数 182 千字
定　　价 52.00 元

项目组负责人：

田　禾　中国社会科学院法学研究所研究员，法治指数创新工程项目组首席研究员，国家法治指数研究中心主任

项目组成员：

吕艳滨　王小梅　王　芳　栗燕杰　徐　斌
刘雁鹏　赵千羚　刘　迪　杨　芹　曹雅楠
马小芳　周　震　宁　妍　徐　蕾　刘永利
宋君杰　庞　悦

执　笔　人：

田　禾　中国社会科学院法学研究所研究员

吕艳滨、栗燕杰、徐斌、王小梅、曹雅楠、杨芹、马小芳、赵千羚等参与了部分内容写作

技术支持：

北京蓝太平洋科技股份有限公司

摘要： 法院信息化是国家信息化的重要组成部分，是新时期人民法院维护社会公平正义、满足人民群众司法需求的关键。法院信息化建设不仅是审判方式和管理模式的转变，而且是助力审判体系和审判能力现代化的系统工程。中国社会科学院法学研究所从落实司法为民、推动司法公开、规范司法权运行、提升司法能力、服务国家治理等方面对中国法院信息化发展状况进行了第三方评估。总体来看，中国法院基本建成了以互联互通为主要特征的人民法院信息化2.0版，形成了以五大网络为纽带的信息基础设施和支持司法服务、审判执行和司法管理的十类应用，实现了对审判执行、司法人事和司法政务三类数据的集中管理。当前，人民法院信息化建设还存在理念思维、均衡发展、规划实施、应用水平、管理机制、人才队伍等方面的问题。更好地服务人民群众、服务审判执行、服务司法管理是建设法院信息化3.0版的重点努力方向。

关键词： 法院信息化 司法为民 司法公开 审判体系 审判能力

Abstract: Informatization of courts is an important component of state informatization and the key to upholding social fairness and justice and satisfying people's judicial needs. Informatization of courts means not only the transition of the trial mode and management mode, but also the system engineering aimed at modernizing the trial system and trial capability. The CASS Law Institute has conducted a third party evaluation of the situation of informatization of courts in China from the perspectives of implementing people – oriented administration of justice, promoting judicial transparency, regulating the exercise of judicial power, building judicial capacity, and servicing state governance. Generally speaking, Chinese courts have basically upgraded the System of Informatization of People's Courts from Version 1.0 to Version 2.0, thereby forming an information infrastructure that takes five major networks as linkages and consists of ten categories of applications that support judicial services, execution of judgments, and judicial administration, and realizing centralized management of three types of data, namely the data on execution of judgments, judicial personnel, and judicial administration. Currently the system of informatization of people's courts in China is still faced with some problems with respect to ideas and thinking, balanced development, plan implementation, level of application, management mechanism, and quality of personnel. In the construction of Version 3.0 of the system, more efforts should be focused on better servicing the people, the execution of judgment, and judicial administration.

Key Words: Informatization of Courts; People – oriented Administration of Justice; Judicial Openness; Trial System; Trial Capability

目　录

前　言

20 世纪 90 年代以来，全球科技进步日新月异，互联网、大数据成为时代发展的重要方向，也是全球经济社会发展最显著的时代特征，推动信息化发展成为国家高度关注的主题，也对法院信息化工作提出了越来越高的要求。法院信息化是指人民法院利用信息技术，开发应用各类信息系统，收集、处理、保存、共享、运用法院在审判工作过程中产生的各类信息，对外增强司法透明度，落实司法为民宗旨，对内规范司法权力运行，提高法院各项工作质效，以实现提升司法公信力、维护司法公正目的的行为与过程。法院信息化是国家信息化的重要组成部分，是人民法院一场深刻的自我革命。法院信息化不仅是审判方式和管理模式的转变，而且是提升司法能力和优化司法体系的重要路径，是构建新的审判方式的重要组成部分，也是提高便民服务水平、实现司法为民目标的重要手段。推进法院信息化是新时代解决人民法院如何更好地维护社会公平正义、满足人民群众司法需求等一系列深层次问题的关键，也是司法体制改革的重要内容。

近年来，中国法院围绕全面推进依法治国战略部署，按照“大数据、大格局、大服务”理念，以服务人民群众、服务审判执行、服务司法管理为主线，推进人民法院信息化建设，在推动司法公开、深化司法为民、提升审判质效、规范司法管理方面取得了显著成效。

习近平总书记指出：“没有信息化就没有现代化。”为了解中国法院的信息化状况，中国社会科学院法学研究所对人民法院信息化在规范司法权运行、提升司法能力、落实司法为民方面的工作进行了第三方评估，总结人民法院信息化的成就，分析面临的困难，探究人民法院信息化的发展方向。

从人民法院信息化发展来看，1996 年 5 月，最高人民法院在江苏召开“全国法院通信及计算机工作会议”，部署全国法院计算机网络建设工作，确定北京、上海、江苏、辽宁、河南、海南、广东、福建八个高级人民法院及其所辖法院作为全国法院计算机网络系统建设的试点单位，制定了《全国法院计算机信息网络系统建设规划》和《全国法院计算机信息网络建设管理暂行规定（试行）》。这标志着人民法院信息化工作的起步。

2002—2012 年，法院信息化进入普遍推进阶段。最高人民法院于 2002 年在山东召开全国信息化工作会议，成立了信息化建设工作领导小组，加强了对信息化工作的领导。2007 年 6 月，最高人民法院印发《最高人民法院关于全面加强人民法院信息化工作的决定》，明确了人民法院信息化工作的指导思想和原则，具体安排了人民法院信息化工作保障机制。在此阶段，最高人民法院还印发了一系列关于人民法院信息网络系统建设的规定、规划、技术规范、基本要求和实施方案等，并将其作为人民法院改革的主要任务。各级人民法院更加注重硬件和软件相结合。硬件投入从传统的数据库、服务器等常规设备，向多元化的庭审设备、视频设备等转变。在加大硬件投入的同时，更加重视案件管理、司法统计、决策支持、案例管理、法官管理等业务软件的开发和应用；更加注重建设和应用相结合，以建设带动应用，以应用促进建设，在加强建设的同时，将应用提到越来越重要的位置；更加注重信息化对提高审判效率、加强审判监督、促进审判公开等方面的作用。

党的十八大，尤其是十八届四中全会提出全面推进依法治国，人民法院工作的目标是努力让人民群众在每一个司法案件中感受到公平正义，人民法院信息化步入战略发展的新时期，面临新的机遇和挑战。最高人民法院高度重视法院信息化的基础性、全局性、战略性作用，将其作为人民法院工作的重中之重。最高人民法院提出，没有信息化就没有人民法院工作的现代化，就没有审判体系和审判能力的现代化，就不可能让人民群众在每一个司法案件中感受到公平正义。各级人民法院应不断满足人民群众日益多元的司法需求，将信息化技术应用到司法审判执行、司法管理的全过程；要依靠信息化技术，把握司法工作规律，提高审判能力；通过信息化与审判工作的高度融合，实现审判执行流程再造，推进审判方式的变革，做到全程留痕、实时监督，促进司法行为规范化。

一直以来，最高人民法院重视信息化在人民法院工作中的地位与作用，发布了一系列法院信息化建设的规定和文件，确定了主要的技术规范和标准，并在实践中大力推进，取得了良好成效。各级人民法院都充分认识到法院信息化对司法工作的重要性，并加快了信息化建设的步伐。

2013 年 12 月，最高人民法院出台《人民法院信息化建设五年发展规划（2013—2017）》，2015 年先后编制完成《人民法院信息化建设五年发展规划（2016—2020）》《最高人民法院信息化建设五年发展规划（2016—2020）》，明确了各级人民法院今后五年信息化发展的指导思想、基本原则、发展思路、建设目标、重点任务和保障机制。作为司法改革的纲领性文件，《最高人民法院关于全面深化人民法院改革的意见——人民法院第四个五年改革纲要（2014—2018）》（法发〔2015〕3 号）（以下简称《四五改革纲要》）也要求各级人民法院要依托现代信息技术实现司法改革的各项目标，65 项改革任务中有 35 项不同程度地依赖于信息技术手段。“推动人民法院信息化建设”既是人民法院深化司法改革的重要内容之一，也是全面深化司法改革的重要引擎和强大动力。要求加快“天平工程”[①] 建设，着力整合现有资源，推动以服务法院工作和公众需求的各类信息化应用；高级人民法院主要业务信息化覆盖率应达到100%，中级人民法院和基层人民法院应分别达到95%和85%以上。另外，《四五改革纲要》要求依托现代信息化手段建立起审判权与监督权行使的全程留痕、相互监督、相互制约机制，探索推广信息化条件下的电子送达方式。在司法统计改革方面，《四五改革纲要》还明确提出建立“全国法院司法信息大数据中心”。另外，《最高人民法院关于进一步加强新形势下人民法庭工作的若干意见》（法发〔2014〕21号），也将“推动信息化建设”作为加强人民法庭工作的重要内容。

2015年，中国法院已经建成以互联互通为特征的人民法院信息化2.0版，基础设施建设基本完成，核心应用系统日益成熟，司法信息资源的搜集整合及管理使用初见成效，信息化保障体系不断完善，基本实现了网上

① “天平工程”是“国家司法审判信息系统工程”的简称，是最高人民法院向国家发展和改革委员会申报、全国各级人民法院协同建设的电子政务工程，其主要内容包括制定规范化标准，开发应用软件，完善网络和存储环境，提供庭审支持、门户监管、系统安全等保障措施，建设全国统一的司法数据库等。

立案、网上办案、网上办公，实现了全国3500多家法院的全覆盖，数据的实时统计、实时更新，信息化与各项审判业务的良性互动格局初步形成，大大提升了司法为民、公正司法水平，由全国四级法院编织的信息化网络在国家治理体系中发挥着越来越重要的作用。

2013—2015年，最高人民法院每年举行一次全国法院信息化工作会议，以明确人民法院信息化工作的指导思想和工作任务。2015年7月全国高级法院院长座谈会提出，司法改革和信息化建设是人民司法事业发展的车之两轮、鸟之双翼，要求各级人民法院充分认识大数据时代法院信息化建设的重要性，进一步增强责任感、使命感、紧迫感，强力推进信息化建设转型升级，建设具有中国特色的人民法院信息化3.0版。

一　人民法院信息化的理论基础和现实意义

（一）人民法院信息化的理论基础

人类社会的诸项事务皆凭借信息沟通机制才能得以运转。历史上，信息沟通机制和方式经历了四次转型，分别为口头沟通、文字沟通、印刷沟通和电子沟通。技术革命是推动上述沟通机制变迁的主要动力。凭借电子技术的发展，电子沟通机制的转型推动了整个社会进入信息时代。在信息时代，信息与土地、劳动力、资本一样，也是极为重要的生产要素。为了应对信息时代的挑战，中共中央办公厅、国务院办公厅于2006年联合下发了《2006—2020年国家信息化发展战略》，提出了中国信息化发展的战略，要求充分运用信息技术，开发利用信息资源，促进信息交流和知识共享，提高经济增长质量，推动经济社会发展转型。在信息时代的浪潮中，法院信息化已成为国家信息化战略的重要组成部分，首要目标是促进审判体系和审判能力现代化，以实现司法公正、提升司法公信力。

法院信息化并非简单的审判方式和管理模式的转型，

而是涉及司法审判、司法人事和司法政务等一系列有关司法工作的系统性工程，应关注设施需求、服务方向、建设成本、系统风险、外部环境五方面。

1. **法院信息化的设施需求**

法院信息化建设由网络及其基础设施、系统软件和应用软件、数据资源硬件终端等设施设备组成，这些构成信息化工程的基础架构。在网络及其基础设施建设方面，法院信息化应当合理建构法院业务网、外部互联网与政务网的逻辑关系，从信息安全的角度来设计各网络之间的信息传输方式与存储安全保障。在软件方面，法院信息化应当根据信息技术的发展和司法工作的现代化进程不断更新升级，以更好地服务于司法审判工作。硬件终端是连接司法人员与计算机数据中心的关键环节，而法院信息化的主要对象是在司法工作过程中产生的各类信息资源，包括数据、文字、图像、音视频等。因此，法院信息化的硬件终端应当根据不同的信息特性进行适当的匹配。在适应信息数据的多样性时，应当注意保持信息数据的统一性。计算机、摄像头、扫描仪等多元化的终端设备在收集与转化信息数据时应当采用统一的格式标准，从而使得信息数据在各设备之间、各网络之间能够顺利传输，并且保持相互兼容，形成可供分析利用的大数据资源库，避免信息的碎片化与“信息孤岛”的出现。

2. 法院信息化的服务方向

随着改革的深入，社会也发生了剧烈的变迁，人民群众对司法的需求日益增加。法院信息化的核心目标是落实司法为民，满足人民群众日益多元化的需求。中国法院信息化要切实发挥功效，回应人民群众的需求，就必须将法院的管理体系与法院的审判业务紧密联系，实现审判管理信息化与审判信息化有机统一。

法院信息化的进一步推进，会降低社会沟通的成本，适应当今信息时代的需求，根据社会需求作出积极反应，提升法院信息获取与处理能力，优化审判流程、提升审判水平，使得法律与改革之间形成良性的匹配关系。

3. 法院信息化的建设成本

法院信息化建设承担的主体是法院本身，因此，应结合法院实际来考察法院信息化建设的情况。对于大多数法院来说，其管理体系以及信息技术实力在不同地方和不同层级之间存在着差异，因而在实施信息化建设层面上所需的成本有一定的差别。法院在实施信息化前应对法院自身技术实力以及法院整体情况进行成本评估，制订合理的信息化系统建设规划。

法院信息化建设是一个长期的投入过程，应嵌入现有的、成熟的组织管理体系中，并不断进行融合、升级、改造，因此，信息化建设过程必然消耗一定的成本。例如，原有记载于纸面上的审判执行信息转换为电子信息，就需要投入专门的人员进行系统改造，并进行信息载体的转换与存储，这些都是信息化初期必须付出的成本。

4. 法院信息化的系统风险

先进的技术是法院信息化成功的前提条件。但是，技术之外，成熟高效的管理体系也是保障法院信息化得以成功的基础性因素。由此，法院信息化的“软硬件”都不可偏废。在“软件”建设方面，法院信息化面临着法院与法官的观念转变、法官的信息技术能力提升、法院内部组织机构的配合等系统风险，是信息化建设不可忽视的要素。例如，法院日常的信息处理与决策程序都或多或少地与法院的行政管理与保障体系相联系。因而，当法院信息化触及审判管理改革、司法政务改革等领域时，难免会产生相应的“排异性”，从而给信息化建设带来风险。

5. 法院信息化的外部环境

作为一项系统工程，法院信息化不能闭门造车，需要外部环境的支持。无论是中央政策、司法改革等制度软环境的支持，还是财政投入、人员配备、设施供应等物质硬环境的支持，都是法院信息化顺利推进过程中缺一不可的。故此，外部环境应当与法院信息化的内部环境相互协调、相互促进，共同形成信息化建设的良好氛围。这就要求法院在信息化建设过程中主动公开信息化的成果，凸显信息化的效用，与其他政府部门的信息数据共享互通，形成良性循环，推动信息化建设快步向前。

（二）人民法院信息化的现实意义

近年来，全国法院以开创精神加快了信息化建设的步伐。最高人民法院颁布了一系列文件，明确了人民法院信息化的总体目标和基本方向。2015 年，最高人民法院再次强调要紧紧围绕全面推进依法治国战略部署，以《四五改革纲要》为指导，以实现审判体系和审判能力现代化为目标，加快建成以大数据为核心的人民法院信息化 3. 0 版。经过多年建设，法院信息化逐步体现出以下现实价值。

1. 服务人民群众、维护司法公正

法院信息化推动了人民法院工作的现代化，司法为民的宗旨获得了突出体现。换言之，人民群众的需求是法院信息化建设的关键导向。一方面，法院信息系统有利于降低人民群众的诉讼成本。政务网站、移动终端等互联网平台的开通有效地提高了审判执行信息的传播能力，方便了人民群众获取信息，最大限度保障人民群众知情权、参与权、表达权、监督权。另一方面，人民法院借助信息化手段所收集的海量司法数据为正确认识和把握审判规律提供了支撑，可以有效地提高司法水平，防范冤假错案，维护司法公正。信息化使全国的案件信息数据实现有效共享，在此基础上，各地法院可以就某一类案件进行数据交换、共同研讨、集中分析，从而逐步实现“类案同判”的司法公正目标。在最高人民法院探索案例指导性制度的同时，上下级法院也可以利用信息数据库实现案例的指导与反馈，从而保障司法统一和司法公正。

2. 增强司法透明、规范权力运行

法院信息化建设中的诸多公开机制共同筑造了“阳光法院”的大门。审判流程信息公开可以使案件当事人

及时了解案件审判进度，掌握法院审判动态，了解自身案件的办理进展，判断自己的权利义务与面临的法律风险。庭审直播、录播，尤其是依托微博等新媒体技术开展的庭审直播可以满足广大人民群众旁听案件的需求，加快司法公开的进程，拓展司法公开的广度与深度。裁判文书上网发布成了司法公开的重要突破口，为进一步加强文书说理、规范司法权运行奠定了基础。加大执行信息公开力度，向案件当事人尤其是申请执行人公开执行流程节点信息等，向公众公开拒不履行生效判决当事人信息，并采取网络拍卖等方式提升拍卖环节透明度，减少人为操纵拍卖，最大限度压缩案件执行过程中的自由裁量权。加大减刑假释案件公开力度，确保减刑假释案件公开透明。随着信息化建设在法院系统各个环节逐步推广，必将进一步推动立案公开、庭审公开、执行公开、听证公开、文书公开和审务公开。

3. **优化审判管理、提升审判质效**

随着经济社会的快速发展、广大人民群众权利意识的提升及维权观念的转变，法院受理的案件数量日益激增，各级人民法院普遍面临着案多人少的困境。与此同时，法院作为维护公平正义的最后一道防线，对每个案件的公正性都不得有丝毫放松。这就要求法院必须不断提升审判服务能力，以跟上时代发展。

法院的司法审判工作犹如一条生产流水线，不同部门履行各自的职能，协作分工，共同完成对案件的审理。信息化有助于案件信息在审判执行的流水线上流通与分享。由此，法院信息化根据流程分工也分为审判信息化、执行信息化、人事信息化、办公信息化、政务信息化、法庭信息化等。法院的信息化技术在一定程度上能够实现向科技要生产力，帮助法官提升审判质效、帮助法院提升管理水平，并提高每一个案件的裁判质量。

4. 适应社会变迁、服务国家战略

信息化对社会变迁具有极大的推动作用，根本原因在于全社会的信息产生、流通、分享量增加，加快了知识普及和思想传播的速度，促进了观念更新与社会进步。法院信息化建设的目标之一是增强法院的信息吸纳与处理能力。对于法院而言，其掌握的信息主要来源于传统案件中的档案、公文等，以及信息数据收集形成的数据库。通过信息化，将传统的信息资源转变为电子数据，并对这些电子化数据进行分类、整理与分析，从而生产出更有价值的司法信息。正是基于数据化的司法信息与数据分析，法院信息化建设可以推动法院向自动化、网络化、智能化的方向发展，以适应社会变迁。

中国的崛起不仅是经济与军事实力的增强，更体现为国家软实力的提升以及对话语权与规则制定权的把握。近年来，党和国家提出了深化改革、扩大开放、国家大数据、创新驱动发展等一系列国家发展战略。信息化是实现国家战略的重要路径。随着信息技术的发展，互联网正在成为社会管理、生产生活必不可少的因素，连接着全社会各方面要素。互联网的特征之一是以信息数据为核心的各类资源打破时间、地域的阻隔，实现全球范围内信息的互联互通。法院信息化也意味着司法活动和司法资源的互联化与全球化。在全球知识经济和信息化高速发展的今天，信息化是提升法院工作成效的关键因素，也是法院实现跨地区、跨行业、跨国家沟通司法审判经验、推广中国司法模式的重要路径。中国正处在发展的最好时代，中国要做好自己的事，形成鲜明的中国法院理论、中国法院实践、中国法院经验、中国法院道路，为人类司法文明作出自己的贡献。

二 人民法院信息化的发展成效

“十二五”期间，特别是党的十八大以来，在最高人民法院的强力推动下，各级人民法院依托“天平工程”等建设项目，基本建成了以互联互通为主要特征的人民法院信息化2.0版。其主要内容是，以办公内网、法院专网、外部专网、互联网和涉密内网为纽带，形成了网内互联互通、类型较为齐全的信息基础设施；十类业务应用为司法服务、审判执行和司法管理提供直接支持；以审判执行为主体、包括司法人事和司法政务信息的三类信息资源粗具规模，数据集中管理实现突破；法院信息化服务于司法为民的宗旨更加明确，人权的司法保障水平显著提升。

（一）法院网络建设突飞猛进，基本实现全覆盖

人民法院启动信息化建设以来，法院网络及其基础设施建设成就突出。截至2015年年底，人民法院基本实现了四级法院专网全覆盖，即全国3512家法院已经通过法院专网实现了互联互通，为人民法院各项全国性业务

应用奠定了坚实的网络基础。

1. **最高人民法院建成各类审判、管理信息网**

在信息化过程中，最高人民法院搭建了一系列审判、管理领域的信息网，包括全国统一的中国审判流程信息公开网、中国裁判文书网、中国执行信息公开网、中国法院庭审直播网等，这是法院信息化成果的直接体现。

审判流程信息公开网投入运行。审判流程公开是法院司法公开的关键，是方便人民群众参与诉讼、保障当事人诉讼权利、实现人民群众知情权的重要途径。2014 年 8 月，中国审判流程信息公开网投入运行。该网以审判流程信息公开网站为核心，以手机短信、电话语音系统、微信、微博、手机 APP 等方式为辅助，向当事人及诉讼代理人及时推送案件流程的八类节点信息，案件信息一有更新，自动推送提醒短信，实现"一条龙"服务。

"中国裁判文书网"上线并改版。裁判文书是法院审判工作的最终产品，是法院认定事实、适用法律、作出裁断的重要文件，是承载全部诉讼活动、实现定分止争、体现裁判水平的重要载体。裁判文书上网公开是深化司法公开、展现司法文明、保障司法公正的重要举措。裁判文书不仅要向案件当事人公开，还需要向社会公开，接受社会监督，统一司法裁判标准，提升司法水平，真正在每个案件中实现公平正义。以往，裁判文书公开渠道单一，裁判文书难找，人们往往需要去案件审理法院查询，耗费大量时间和精力。2013 年 11 月，最高人民法院开通“中国裁判文书网”，集中统一发布全国法院的生效裁判文书，该裁判文书数据库成为司法大数据的重要组成部分。2015 年年底，为了提升网站友好性，最高人民法院对“中国裁判文书网”进行了优化改版，增设了一键智能查询、关联文书查询、个性化服务等功能，开设了少数民族语言文书公开板块。裁判文书上网公开之后，一方面方便了人民群众查阅和开展研究；另一方面形成了倒逼机制，督促法官加强说理提高文书质量和司法水平。

建成全国法院网络执行查控系统。近年来，法院“执行难”问题日益严重，被执行人难找、被执行财产难寻、协助执行人难求、应执行财产难动等问题普遍存在，干预、阻碍、抗拒执行的情况时有发生，严重制约了执行工作的开展。2014 年 12 月 24 日，最高人民法院开通执行指挥系统，以信息化为基础，以执行联动机制为核心，统一对全国法院执行案件进行管理。为形成全国范围内的网络查控，最高人民法院与部级执行联动部门建立“总对总”查控系统，各高级人民法院与省级执行联动部门建立“点对点”查控系统，在全国范围内通过网络实现对被执行人和被执行人财产的查找和控制。截至2015年12月底，最高人民法院陆续为3172家地方各级人民法院开通使用“总对总”网络执行查控系统，共查询案件113万余件，涉及130万余个被执行人，累计查询到银行存款超过1.9万亿元、成功冻结363亿余元，最大限度地保障了申请执行人的合法权益，维护了法院的司法权威。

建成中国法院庭审直播网。中国法院庭审直播网为全国各地法院搭建便捷的庭审直播平台，是配合审判流程公开、裁判文书公开和执行信息公开三大平台建设的一项重要的司法公开举措。中国法院庭审直播网现设“庭审直播”“直播预告”和“直播回顾”等栏目，全国各高级、中级和基层人民法院均可通过该平台在网上直播案件庭审，已直播庭审13万次，人民群众也可通过“直播回顾”栏目查看以往的庭审实况。网站提供的视频查询功能还可以方便人民群众查找到自己所关注案件的庭审视频。发展至今，中国法院庭审直播已走向常态化，能够让广大人民群众更好地实现对法院审理案件过程的知情权、参与权和监督权，同时也能够更有力地规范法官在庭审中的一言一行，达到司法公开立体化及促进司法公正的目的。

建成律师服务平台。为向律师提供便捷、高效的诉讼服务，方便其履行职责，最高人民法院建立了律师服务平台，开发了全国律师信息库系统。该平台为律师提供网上立案、网上阅卷、案件信息查询、电子送达及联系法官等服务。截至 2016 年 2 月，已经收集律师事务所信息 21846 家，录入律师信息 77428 条。开通律师服务平台，有利于方便律师办案以及律师与法官之间的沟通，在保障律师权益方面成效显著。

建成全国法院司法协助管理平台。2016 年 1 月 1 日全国法院司法协助管理平台建成上线，该平台不仅提升全国法院涉港澳台、涉外司法协助案件办理质效，也有利于促进国际司法合作。在全球化背景下，犯罪呈现国际化的特点，民商事纠纷的跨国性日渐突出，开展国际司法协助是国际司法合作的大趋势，因此，需要各国开展广泛的司法协助与合作。该平台的建成能够与其他国家和地区建立广泛的司法联系，延伸法院工作的触角，扩大法院工作的空间，能够有效地满足国际司法协助和合作的需求。截至2016年2月20日，司法协助平台已办理港澳台调查取证案件51件，涉外调查取证案件2件，港澳台送达文书1213件，涉外送达文书455件。

建成人民法院申诉信访管理系统。为进一步加强和改进涉诉信访工作，方便群众诉讼，最高人民法院建成了网上申诉信访平台和信访管理系统，该系统具有来信、来访、网上申诉信访、远程视频接访、数据共享等功能。2014年5月，最高人民法院开通远程视频接访系统，这是最高人民法院深化信访工作机制改革，实现上访群众在当地与最高人民法院法官面对面沟通的重要举措。最高人民法院用17套远程接访系统与地方法院的远程视频接访联通，实现了最高人民法院与一审法院和信访人之间的三方沟通交流。申诉信访人可向案件一审法院或其住所地的基层人民法院提出申请，提交申诉材料。法院认为有必要的，也可主动通知当事人到当地法院进行远程视频接访。四级法院远程视频联动接访，对减少涉诉进京访、破解信访难题发挥了积极作用。在社会利益分化、社会矛盾突出、司法公信力遭质疑的复杂社会背景下，法院申诉信访管理系统和远程视频接访系统的建成，有效地缓解了涉诉信访压力。

建设人民法院办公和办案平台。依托信息化建设，全国四级法院专网初步实现了权威发布、业务交流和应用整合。办公和办案平台升级融合与应用的拓展，实现了工作桌面统一，并与信访、科技法庭等系统全面贯通，强化了法律法规和典型案例推送、常见文书材料自动生成、裁判文书自动排版、自动纠错及上网公开前自动隐名技术处理、审判流程信息自动同步公开、文书生效后一键点击上网公布等辅助办案功能，进一步优化了流程审批、审限管控、绩效展示等功能模块。

建成人事信息管理系统。传统上，法院人事信息管理各自为政，人员变动信息更新滞后，管理效能较低。依托法院信息化，人事信息管理系统实现了全院人员信息管理，并启动了全国法院人事信息管理系统建设，实现对全国法官录用、调入、转入管理，工作业绩、岗位遴选、表彰奖励管理，以及转任调任管理等全司法职业生涯管理，实现对全国法官情况的整体掌握和分析。

开通微平台。随着“宽带中国”“智慧城市”建设以及微博、微信、新闻客户端等新媒体的发展和应用，社会进入“人人都有麦克风、个个都带摄像机”的时代。法院充分利用新媒体即时互动、实时参与的优势，拓展公众参与的渠道和力度，广泛地听取群众意见，更好地接受群众监督，及时地传递正义心声，准确地把握群众关切。为此，最高人民法院开通了微博、微信，利用新媒体信息传播快、受众广泛等优势，及时权威发布法院工作信息。通过立体化、全方位、一站式、互动性的公开、沟通和服务，发出好声音，传递正能量，塑造好形象，让社会大众在参与互动中增强对司法的信心，有效提升司法公信力。最高人民法院还创办了中国法院手机电视，通过手机实时发布信息。全国近 3300 个法院已开通官方微博，形成了“国家队 + 地方队”的微博格局。截至 2016 年 2 月 29 日，最高人民法院微博粉丝总数突破 2947 万人，发布微博 18239 条，共被转发 160 余万次；最高人民法院发布官方微信 822 期，包括各类信息 4918 条，关注人数达 30 万余人；中国法院手机电视已上架视频 4005 条，总时长达 24560 分钟，总用户数约为 65.6 万人。

2. 地方人民法院建成或接入信息管理平台

地方各级人民法院的信息化建设也如火如荼。全国 99% 的法院建成办公网并接入法院专网，网络设备、计算设备、存储设备、系统软件等网络基础环境建设基本完善；47% 的高级人民法院建成非涉密数据隔离交换设备或系统，实现法院专网与外部专网、互联网之间的跨网数据交换；视频会议系统实现全面覆盖，科技法庭、远程提讯、远程接访等系统基本覆盖全国法院，部分法院建成标准化机房和数字化会议系统；21 个高级人民法院建成执行指挥中心，17 个高级人民法院建成信息管理中心。

截至 2015 年年底，全国各地人民法院均建成统一的审判流程信息公开平台，并实现与中国审判流程信息公开网的联通。各级人民法院审判流程信息公开以来，基本满足了当事人及其诉讼代理人查询审判流程信息的需求，改变了以往这些信息只有经办法官和书记员才清楚、当事人想方设法到处托人打听的局面。

全国法院均建成或接入上级法院政务网站、司法公开平台，一些地区互联网应用已经迁移到公有云平台，互联网及其移动应用蓬勃发展，为各级人民法院服务人民群众提供了强有力的技术支撑。截至 2016 年 2 月，全国所有的高级人民法院、358 个中级人民法院、2747 个基层人民法院建成了政务网站。

各高级人民法院利用专线或本地政务网络建立了与国管、国资、财政、检察和公安等部门的连接，初步满足信息报送、信息共享、执行查控和信用惩戒等业务协同需要。福建、广东、浙江等高级人民法院搭建“点对点”司法查控系统，通过与公安、工商、国土等信息数据库的对接，使被执行人的存款、房产和车辆等财产信息的获取立体化、集中化，从而缓解了执行难问题。

上海市高级人民法院于2015年年初开通律师服务平台，上海市1325个律师事务所近17000名律师均可享受到“足不出所即可立案”的快捷服务。有律师认为，该平台“不仅仅可以方便律师来办好案子，更重要的是，可以推动法官与律师达成共识。作为法律工作者，律师与法官虽然在大学里学同样的教科书，但身处不同角色中，对一件事情的认识有时是不同的。现在平台的资源共享可以将法官、律师局限的思维扩大化，用案件的资料库来完善彼此的认识，非常有意义”①。

北京、上海等地法官信息已经与案件信息关联，在人民法院数据集中管理平台，能够为每个干警生成业绩档案，法官每年办多少案件，案件的发回改判情况如何，

① 《上海法院律师服务平台启动　律师可足不出所网上立案》，http：//www.chinanews.com/fz/2015/01－05/6938108.shtml，最后访问日期：2016年2月21日。

在网上都可以看得一清二楚。建立在信息基础上的业务评价，更加客观，更加真实，也更有说服力。

（二）创新司法便民利民措施，着力服务人民群众

人民法院信息化建设对满足人民群众日益多元的司法需求、适应社会的变化，具有重要意义。在信息技术的支持下，法院开辟了司法为民的新领域和新窗口，更好地服务于民众。实践中，许多法院建设了集诉讼服务大厅、诉讼服务网和12368诉讼服务热线“三位一体”诉讼服务中心，为公众提供网上立案、电子送达、庭审直播、文书查询、诉讼档案查询等司法服务。很多法院基本做到了重要信息主动告知、即时查询和有问必复，初步形成线上线下、庭上庭下多样化司法服务格局，让人民群众获取更便捷、更廉价、更个性化的诉讼服务，使司法更加贴近人民群众。

1. 让群众“少跑路少花钱少受累”

诉讼服务大厅是法院建立的为公众提供与诉讼相关服务的实体场所。该大厅为诉讼参与人提供诉讼引导、立案登记、立案调解、收费退费、查询咨询、材料收转、判后答疑等服务。诉讼服务大厅一般设有导诉区、书写

区、等候区、立案区，配备诉讼流程图和《诉讼指南》等指导材料。

2014 年 12 月，最高人民法院在“立案信访窗口”建设基础上，建成多渠道、一站式、综合性的“三位一体”诉讼服务中心，具备再审立案、申诉接待、信息查询、卷宗查阅等功能。诉讼参与人可以通过诉讼服务中心大厅的触摸屏、电脑等设备，自助查询相关案件信息和电子卷宗。

2014 年 12 月，最高人民法院开通“诉讼服务网”，具有网上立案、案件查询、电子送达、网上阅卷、监督建议等功能。当事人可以在线提交民事申请再审材料，诉讼参与人可以登录查询案件进展信息。“诉讼服务网”还以短信、微信、微博等方式及时向案件当事人、代理人和辩护人推送案件的流程节点信息。

2015 年 9 月 6 日，北京法院诉讼服务自助平台全面启动。自助诉讼平台为当事人提供包括预约阅卷、文书打印、材料上传、视频留言等涵盖诉讼各个环节的一站式服务。与传统功能性系统不同，诉讼服务自助平台在设计上凸显个性化和人性化。平台内嵌智能识别系统，当事人只需在自助机上轻刷身份证，即可快速识别，显示案件的开庭时间、审理法官、裁判文书等信息。更具特色的是，依托全市统一的审判信息资源库，自助机实现了跨行政区划服务功能，当事人可在家门口打印自己在其他法院打官司的裁判文书，还能查询到北京任意一家法院承办的案件信息和各类审务信息，当事人能够及时跟踪了解所申请案件的处理情况，并能进行视频或语音留言，法院和法官可以实时接收到当事人的反馈信息，进行互动式沟通。截至2016年1月底，北京市高级人民法院已在全市23个法院和63个人民法庭设置了108台诉讼服务自助终端，实现了人民法庭的全覆盖和全市辖区的全覆盖。2015年9月至2016年1月底，北京市累计使用人数已达2.5万人次，其中跨区域服务5000余人次，应用效果显著，得到了群众的一致称赞。

北京市大兴区人民法院在审理一起旅游服务合同纠纷案时，需要原告出示旅游服务过程中交通事故的责任认定书，原告一时无法提供。承办法官得知北京市密云区人民法院已开庭审理过缘于此次事故的运输合同纠纷案，即通过诉讼服务联系到密云区人民法院，共享了该证据材料，证据材料调取仅花了数分钟时间，节省了当事人的时间。当事人表示："一站式"服务带来的"一堂清”效果实在太好了！[①]

2012年，南京市中级人民法院依托互联网，在全省率先建成网上诉讼服务中心，将实体诉讼服务中心的职能延伸到南京法院审判网上。人民群众登录网上诉讼服务中心，不但能够像到法院实体诉讼服务中心一样，进行网上立案、签收法律文书、递交证据材料、约见法官、判后答疑等与诉讼相关的活动，而且在案件进入审判、执行程序后能够及时查询到案件主要流程节点的各项诉讼信息，有特殊原因还可以申请网上远程开庭、视频接访，初步具备了网上法院的功能。截至2015年年底，网页浏览量达21.4万人次，提供各类法律服务32182人次。

截至2015年11月，地方法院建设诉讼服务中心1740个，开通诉讼服务网841个。可以说，信息化搭建起了法院、法官与人民群众之间沟通的桥梁，为民众提供了质量高、花费少的诉讼服务，特别是减轻了偏远地区当事人往返法院的讼累，尽量做到让群众少跑路、少花钱、少受累。

---

① 参见《切实减轻当事人和律师的负担 北京大兴全力打造“指尖上的服务”》，《人民法院报》2015年11月29日第4版。

2. 纾解“门难进”“人难见”张力

法院难进、法官难找是诉讼人遇到的最大难题之一。法官承担案件多，业务量大，对各个案件当事人而言，不可能做到“随找随到”。为了畅通群众与法院之间的联系渠道，缓解法院难进、法官难找的紧张局面，同时为提升司法服务的科技化信息化水平，全国25个高级人民法院开通辖区法院12368诉讼服务系统，通过电话语音形式为当事人提供司法服务，其后又延伸到为公众提供诸如咨询等服务。12368诉讼服务平台是集诉讼咨询、案件查询、信访投诉、联系法官等多项功能于一体的综合性诉讼便民服务平台。12368诉讼服务平台的建成，在缓解法官的压力、帮助诉讼人了解案件进程、为公众提供司法服务方面发挥了积极的作用。

2014年1月，上海市法院开通12368诉讼服务平台，其主要功能包括：帮助当事人、代理人以及其他诉讼参与人通过电话联系立案法官、审理法官、执行法官或提供留言服务；当事人凭案件查询密码查询包括案件受理与否、案号、案件审理或执行进程、开庭日期、承办法官、工作电话、诉讼材料送达等依法可予公开的信息；为公众提供包括各级人民法院案件管辖规定、法院案件立案条件、诉讼费收费规定、法院案件审理期限、司法救助等常见程序性法律问题的咨询；接听并记录信访投诉，并转入信访投诉系统及时处理；接听记录当事人或社会公众对法院或法官提出的意见、建议等，并及时反馈；根据12368诉讼服务平台中来电意见建议、信访投诉，对各法院、各法官进行内部考核。

浙江省的12368司法服务热线集诉讼咨询、案件查询、信访投诉、联系法官等多项功能于一体，实行全省三级法院“一号对外、分级部署、各院联动、限时办理”的工作机制。法院有专门的热线坐席员，负责接听处理人民群众的来电。

3. 畅通利益诉求意见表达渠道

涉法涉诉信访在信访中占有相当大的比例，为了方便公众表达意见，2014年2月，最高人民法院开通了网上申诉信访平台，受理属于依法处理的案件，包括当事人对刑事、行政、国家赔偿案件的生效判决、裁定、决定不服，已向高级人民法院提出申诉，且高级人民法院已作出书面复查（审查）或再审结论的案件，以及请求督促执行法院尽快执行的、请求纠正执行行为的申诉信访案件。平台采取外网受理、内网办理、外网答复的模式，当事人填写申诉信访信息，提交相应材料，完成网上申诉信访。提交成功后，当事人可以随时查询申诉信访办理进程和反馈结果。

为了让人民群众会用、用好“网上申诉信访平台”，最高人民法院制作了网上申诉信访指南以及动画宣传片，详细讲解如何在该平台上进行操作。此外，在该平台上加大了涉诉信访典型案例公开力度。“网上申诉信访平台”拓宽了申诉信访渠道，创新了司法便民措施。与“网上申诉信访平台”同步建设的还有远程视频接访系统。自 2014 年 5 月投入使用到 2016 年 2 月，已完成接谈 8900 余件。由于国家信访政策的重大调整和改变，以及远程接访系统和网上申诉平台投入使用，涉诉进京访批次和人次同比下降超过 30%。

地方各级人民法院也积极推进网络信访工作。大部分法院均建设了远程视频接访系统、互联网申诉平台，为人民群众申诉信访提供了便利。例如甘肃法院坚持“互联网 + 接访”，推行远程视频接访，全省 107 个法院设置了远程视频接访室。截至 2015 年 7 月，甘肃省高级人民法院视频接访群众 560 余人次，其中有来自云南、湖南、陕西等地的信访群众。

2014年，新疆生产建设兵团各级人民法院通过远程信访系统接访当事人达300余人次，占信访总量的35%以上，远程接访释法析理使30%的当事人息诉罢访。远程视频接访系统建成之后，空间距离不再成为阻碍，减轻了人民群众的奔波之苦，提高了法院的信访处置效能。

4. **“送到家门口的法律服务”**

随着法院信息化水平的逐渐提升，各级人民法院践行司法为民，通过信息手段，采取打造流动法庭车等方式，为人民群众提供便捷高效的法律服务。

流动法庭车是法院专门为人民法庭定制的巡回审判用车，其本质上是一个具有移动性、配有高科技装备的数字法庭，目的是方便边远地区公众诉讼、就地开庭审理、调解邻里纠纷、接受法律咨询、开展法制宣传。流动法庭车极大地拓展了法庭工作空间，延伸了司法治理的杠杆。流动法庭车的主要配置有：警灯警报及音响宣传系统；电源系统，提供外接式电接口、UPS不间断电源、车载逆变电源，保证了法庭审判车不会因为供电不足而影响审判工作的正常进行；现场录像的录取和传送系统；审判工作桌；等等。

流动法庭车在老少边穷地区有着极大用武之地。例如，宁夏法院有 63 个人民法庭，有近一半地处山大沟深、交通不便的南部山区和中部干旱带。为了解决诉讼难的问题，2013 年，宁夏在全国法院系统中率先普及了“便民服务流动法庭”，全区 63 个人民法庭都配发了便民服务流动法庭车，让群众足不出户就能享受到方便快捷的司法服务。

流动法庭车的功能在实践中得到了拓展。重庆市江津区人民法院借助现代科技，率先在全国研发成功集诉讼服务、巡回审判、法制宣传、执行指挥、远程接访等功能为一体的多功能、全天候流动车载法庭，主要执行巡回审判、诉讼服务、法治宣传、现场指挥等任务，并于 2013 年 10 月 15 日投入使用。

流动车载法庭秉承“好传统 + 高科技”理念，将诉讼服务、巡回审判、法制宣传、视频接访等功能融为一体，是现代版、升级版“马锡五式”审判服务方式，被群众亲切地称为“送到家门口的法律服务”。

5. 借助新媒体与人民群众“微”距离

依靠新媒体缩短法院与公众的距离，是近年来法院创新公众沟通的新方式和新渠道。各地法院利用手机APP、微博、微信、微视等新媒体即时互动、实时参与的优势，使当事人和法院之间实现即时互动，按需获取信息，随时参与沟通。

2013 年年底，最高人民法院在新浪微博、腾讯微博、全国法院微博发布厅等国内主流微博平台全面入驻，多个有重大社会影响力的庭审过程通过法院微博在线直播，以案释法，传播法治文化，弘扬法治精神，发挥司法对社会的教育、引导和规制作用，自觉接受社会各界监督，迫使审判人员加强能力建设，提升审判质量。

最高人民法院开设官方微信和手机电视 APP，集成各种司法公开渠道，为订阅用户提供了一站式的司法公开和民意沟通服务。2015 年 2 月底开通的“中国法院手机电视 APP”，第一时间向用户推送法院重点新闻和重要案件庭审情况等司法信息。

信息技术的广泛应用，创新司法便民利民措施，进一步节约司法成本，人民群众可以更加真切地感受到公平正义就在身边，实现法院与公众“微”距离。

（三）信息化助力审判能力现代化

审判能力是法院能力的关键体现，是法院依法公正裁判案件、有效维护公平正义的能力，直接关系到社会公正能否实现。审判体系和审判能力现代化体现在司法权力运行规范化、监督管理制度具体化、信息技术保障科学化等方面。审判能力现代化的最终目的是服务法院的审判执行和司法管理，适应法院的司法需要；服务人民群众，满足人民群众的司法需求。法院提升审判能力必须遵循司法规律，建立以审判为中心的审判权力运行体系，建立以法官责任制为中心的审判监督管理体系，追求司法的确定性、规范性和公正性。在法院审判体系和审判能力现代化推进过程中，法院信息化具有不可或缺的作用，因为法院信息化可以有效防范和减少不确定性，使司法权的运行符合司法规律，降低运行成本，确保社会公正得以实现。

审判是人民法院的中心工作，也是人民群众关注的重点领域。人民群众对审判活动的需求是希望法院裁判最大限度的公平，这与法院的司法能力之间存在较大张力，而法院信息化则可以在一定程度上化解这种矛盾。信息化技术使审判方式发生了极大的变革，大大提高了审判能力与效率。案件信息管理系统实现了审判活动主要流程节点信息和卷宗的数字化管理，使审判工作实现程序化的运作，有助于规范和监督审判执行权力的运行。

审判支持系统则为法官提供法规查询、案例指导、量刑参考、一键排版、智能纠错等服务，使法官办案更加方便、高效，很大程度上提升了审判工作质效。电子签章、远程庭审等系统，极大方便了法官和人民群众，降低了当事人的诉讼成本和法院的司法成本。可以说，信息化已经成为审判能力的重要组成部分。全国超过 99% 的法院建成案件信息管理系统，实现了网上办案。科技法庭建设、远程视频建设、电子法院建设也成效显著。

1. **科技法庭建设**

各地法院大力加强科技法庭建设，实行庭审活动全程同步录音录像，并以数据形式集中存储、定期备份、长期或按要求时限保存。截至 2015 年年底，全国法院建成科技法庭 1.8 万个。在提高科技法庭覆盖面工作方面，一些法院成效明显。江苏法院实行开庭审理案件全程同步录音录像、同步记录、同步显示庭审记录，全省法院建成 2279 个科技法庭。浙江省 1783 个审判法庭全部建成科技法庭，实现每庭必录。广西壮族自治区 293 个人民法庭实现了科技法庭全覆盖，全部接入广西法院音视频管理平台，并实现了庭审同步录音录像。新疆维吾尔自治区共建成具有远程提讯功能的科技法庭 115 个，实现每个法院都有一个远程提讯科技法庭。

各级人民法院使用科技法庭，通过多媒体证据展示、质证留痕、庭审笔录等技术手段，强化庭审举证、质证、认证等过程，实现诉讼证据举证在法庭、诉辩意见发表在法庭、是非曲直辨明在法庭、案件事实查清在法庭、裁判理由形成在法庭，确保庭审不走过场。实时记录的庭审音视频还为案件合议、审委会讨论、上诉审再现庭审实况，为有关部门和社会公众观摩关注案件提供支持和保障。

通过全程同步录音录像，使庭审“可定格”“可再现”“可复制”，加强了对案件的全过程监督和全方位管理，促进庭审规范化，提升一次庭审成功率。黑龙江省鸡西市鸡冠区人民法院的一次庭审成功率在 2013 年 6 月至 2015 年 12 月间有显著提升，民事案件由 70% 提升至 86%，刑事案件由 89% 提升至 95%，行政案件由 86% 提升至 94%。

全程同步录音录像，以其客观记录真实再现法官和诉讼参与人在庭审过程中的言行举止，一方面能够有效地监督法官的司法活动，规范庭审，促进法官依法办案，保障诉讼参与人的权利；另一方面，约束原被告等诉讼参与人的行为，为认定破坏庭审秩序提供证据，这也是对司法人员的一种保护。近年来，当事人在法庭上的过激行为时有发生，冲击法庭、辱骂法官、毁损证据等破坏庭审秩序的行为有所增多，法官人身安全受到威胁，但是对这些行为进行处罚的却相对较少，其中一个原因就是缺乏认定破坏庭审秩序行为的证据。而庭审全程录像则弥补了传统笔录和电脑录入的不足，定格、再现人民法院法庭活动，为认定破坏庭审秩序行为提供有力证据。全程同步录音录像是一把双刃剑，既保障权利，也规范行为；既监督法官，也约束当事人。

2. **远程实时视频**

远程庭审、远程提讯得到了广泛应用，并在不断深化创新。截至 2015 年年底，最高人民法院建成 10 套，地方法院建成 2154 套远程提讯系统，实现最高人民法院与各高级人民法院、中级人民法院、绝大部分基层人民法院以及部分看守所的远程提讯。

全国首次跨省远程审理的案件中，原告在辽宁省高级人民法院参加庭审，被告在贵州省遵义市中级人民法院出庭。这一次远程庭审为原告节约吃、住、行等费用一万多元。事后，原告说：“远程案件审理节省了我的时间和精力，不用大老远地跑到贵州维权了。”

浙江省丽水市青田县人民法院探索设立涉侨网络法庭，实行视频审理，借助远程视频技术，将海外当事人的远程画面接入高清数字法庭，当事人只需在电脑或者手机上安装软件即可参与庭审。由此解决了华侨身在海外，无法回国参加庭审的难题。2014 年以来，浙江省温岭市人民法院审结的3763 件刑事案件中，其中简易程序刑事案件 2984 件，运用远程视频庭审的就有 1542 件，简易刑事案件的远程庭审比例达 51. 7%，视频庭审平均开庭时间缩短为 15 分钟，当庭宣判率 95. 6%。相比常规押解和值庭，节约警力 1600 余人次。

远程庭审是司法便民的重要创新举措，避免了当事人的奔波之苦，减轻当事人讼累，同时缩短审判周期，提高审判效率，降低司法成本。

3. **电子法院上线**

电子法院代表了法院信息化发展的努力方向。2015 年，吉林电子法院正式开通上线，实现了民事一审和二审案件、行政案件、执行和非诉类案件的全流程网上办理。吉林电子法院还建有法官办案辅助平台，减轻法官的工作量，降低法官同案不同判的风险，保障了司法公正。此外，吉林电子法院开发了审判管理应用系统，对法官审判活动和案件审判质效进行实时评估。其中，案件流程管理系统对全省每个法院、每个法官的立案办案情况进行实时显示，使审判质效评估系统对全省每个法院、每个法官的办案质效进行实时评估。

电子法院大大缩短了案件审理的平均期限，法官的收案、办案效率明显提升。首先，确保在法定期限内立案。诉讼各方在线上进行材料收转、网上诉讼费缴纳、电子送达等，结合 12368 短信实时提醒功能，当事人无须来院立案，避免往返多次补充材料，确保案件能够在法定期限内完成立案。其次，缩短了案件开庭时间。诉讼各方使用网上证据交换与质证、云会议平台、审诉辩平台、网上开庭等功能，单个案件的有效审理时间更长，双方当事人庭前准备和意见发表的时间更多，能更快地确定案件争议焦点，并围绕焦点进行审理和调解，使案件能够在法定正常期限内结案。如吉林省蛟河市人民法院审理的一起民事案件，原、被告双方通过第三方平台上传了 31 份证据，经过网上质证，双方当事人共对其中 6 份证据持有异议，合议庭在开庭审理时仅对这 6 份证据进行了审核，以往此类案件庭审至少需要半天时间，而该案庭审只用了不到30分钟。再次，审判质效得到显著提升。由于案件审理全流程公开透明，案件争议焦点明确，通过云会议进行远程调解，案件调解率、撤诉率、一审服判息诉率得到了提升，调解后申请执行的案件量降低，审判质效得到显著提升。最后，保障律师各项权利的实现。电子法院平台还为律师提供个人代理案件办理窗口、律师动态令牌，极大地方便了律师参与案件审理。

4. 法院电子签章

每个案件从立案到结案平均需要制作十余份各类法律文书。而设立于乡镇的人民法庭一般离基层人民法院有十几千米甚至几十千米的路途，一直以来存在“盖章难”问题。人民法庭的法律文书必须由法庭派专人、专车前往法院盖章，当事人需要按指定通知时间到法庭领取。这不仅要花费大量的人力、物力，加重当事人负担，而且影响了办案效率。

依靠信息技术，使用电子签章，可以从根本上解决基层人民法院和人民法庭急需解决的“盖章难”问题。使用电子签章，调解和撤诉后即送达调解书和裁定书。当庭宣判的案件，裁判文书“立等可取”，显著提高了办案效率，减少当事人往返法庭的诉累，降低当事人的诉讼成本。按每个案件当事人往返法院次数减少2次、节省一天时间计，每个案件的诉讼成本平均减少80元以上。按每个案件法庭工作人员往返法院次数减少5次、节省半天时间计，每个案件的司法成本平均减少100元以上。而其中的社会效益和法律效益更大于这些可以用数字表示的经济效益。四川省泸州市合江县人民法院将主审法官责任制与电子签章相结合，以往法官需要几天时间来完成的法律文书审批和盖章工作，现在承办法官制作完裁判文书后，可立即申请电子签章、打印法律文书，能在第一时间交到当事人手中。

电子签章还广泛用于人民法院办公办案工作。启用电子签名系统实现网络协同办公，有效地缩短了办案期限、提高了办案效率、降低了司法成本。人民法院在向信息化、网络化、科技化的不断迈进过程中，在促进司法为民、公正司法，提高人民满意度，树立法院公信力等方面已经初见成效。

（四）法院执行能力明显增强，信用惩戒措施有效

执行工作是法院的重要工作，是落实生效法律文书

所规定的权利义务的重要一环，是当事人权益得到保障的“最后一公里”，不仅关系到社会公平正义的实现，也关系到司法裁判的权威，是提升司法公信力的关键。现实中，由于各种原因，不少判决难以实现，“执行难”对司法权威造成较大的损害。造成“执行难”的因素有很多，财产难查、人员难找是重要原因。传统的两个法官一台车、跋山涉水查人找物的方式远远不能适应新时期执行工作的需求。执行工作必须改变思路，延伸执行的触角，创新执行的手段，而法院信息化则顺应了这一要求。近年来，全国法院建立了执行信息应用系统，覆盖了核心执行业务的流程，如执行指挥系统、执行信息管理系统、失信人惩戒措施等。

1. 最高人民法院执行信息管理系统建设及应用情况

2014 年 12 月，最高人民法院建成覆盖全国的法院执行指挥系统，实现了全国四级法院间的执行网络纵向互联，同时还与部分中央国家机关、商业银行总行网络横向对接。最高人民法院、多数高级人民法院、部分中级人民法院和基层人民法院建成了执行指挥、执行查控和信用惩戒系统，形成了四级法院上下一体、内外联动的执行指挥体系。

执行信息管理系统具有网络查控、信息公开、信用惩戒、远程指挥、监督管理和决策分析六大功能。通过网络查控，实现对被执行人在全国3000多个银行网点的存款信息的查询，效率大大提高。通过执行指挥系统查询，被执行人有多少财产，是否隐瞒拒不执行，“一键了然”。全国四级法院的执行人员都可以通过网络在全国范围内对债务人身份和财产信息进行查询和控制。

最高人民法院还在网上公布了被执行人失信“黑名单”，有力震慑了失信行为。

借助信息化手段，执行法官从根本上改变了过去的工作方式，提高了工作效率，但风险也随之增加。为了防止“公权力滥用”和避免公民隐私泄露，法院建立多项制度保障机制。例如，法院的协助执行函件必须经过法院和银行双重审核，确保查控符合法律规定；查控所获取的信息也仅限于法院执行使用；执行指挥系统还实现了“全程留痕”，法官是否积极查控，有无不当行为，系统都会自动记录和提醒等。

2. 地方各级人民法院执行信息系统建设及应用情况

地方各级人民法院也在利用信息化手段拓展执行深度和广度方面进行了有益的探索。北京市高级人民法院建成全市法院一体化的执行办案和指挥管理体系，用信息技术把执行工作在程序、期限等方面的规范要求植入办案平台，对提示提醒、审批管理、监督督促、程序控制 4 大类 130 余个节点进行有效监管。北京的指挥系统将案件区分为有财产案件和无财产案件，对于有财产案件，进行流程化运行和节点化控制；对于无财产案件，由单独的数据库进行动态管理。北京还建立了集约化查询模式，实现了对全部在京 86 家银行的全覆盖查询、9 家商业银行的查冻一体化和对房产、户籍、车辆的自动查询，大大提高了执行工作的效率和效果。2015 年，全市法院执行结案 122929 件，执行结案案件数同比增长 19%；执结标的金额 607.4 亿元，同比增长 96%。北京还建设全市三级法院统一的执行案款管理系统，使执行案款的收发从各院分散管理变为高院集中、统一管理，施行“一案一账号”的精细化管理。这解决了执行工作中执行款项不明和发还不及时的问题，降低了执行法官的廉政风险。另外，建成执行工作可视化展现平台，该平台设置了 5400 余项分析指标，为各级人民法院执行指挥部门提供多层级、多视角、立体化的执行工作动态信息，为优化执行工作规范、创新执行管理模式提供更具针对性的决策参考。

浙江法院建设了执行远程指挥管理系统，与法院专网执行办案系统的案件信息关联，实时回传执行法官采集的移动办案信息到执行部门的远程可视化指挥调度平台。执行指挥系统可以通过指挥车、单兵、执法记录仪等载体，把一线执行干警、各院执行指挥办公室整合成一体，提高法院协同执行、快速反应的能力。浙江法院还建有统一的执行业务远程会商系统，为各级指挥中心或基层人民法院执行指挥办公室搭建可视化业务交流平台，通过法院专网实时开展多方业务会商。

深圳市中级人民法院依托信息技术创建鹰眼查控网，通过网络与联动协助单位联通互动，对被执行人及其财产进行查询和控制。鹰眼查控网的主要功能是查询和控制被执行人的存款、房产、车辆、股权和股票。全市各个法院执行法官将查控请求统一上传至鹰眼查控网，鹰眼查控网以“点对点”的模式将请求内容发送至协助单位，协助单位办理完相关事项后将结果反馈。鹰眼查控系统具有以下优势。一是节约了大量的人力。过去深圳市两级法院由 54 人完成的查控工作，现在仅需 5 人即可完成。二是节省了大量设备设施。深圳两级法院原来用于外出办理查控工作的车辆需要20台以上，现在通过网络将查控请求发送至协助单位即可。三是缩短了执行周期。原来需要15个工作日完成的查控工作，现在2天即可完成。四是增加了财产查控种类。对被执行人财产信息的查控种类由原来的4项扩展到28项。五是大大拓展了财产查找的范围。通过与广东省高级人民法院执行指挥中心的对接，对被执行人财产信息的查找范围由原来的深圳市扩展到整个广东省，银行账户开户信息、股票基金信息已扩展到全国。

（五）审判管理精准化，动态掌握工作态势

审判管理是审判工作的重要组成部分，包括流程管理、质量监督、绩效考核三个要素。流程管理是对审判程序节点信息的管理。传统上，人民法院的案件管理长期靠手工记录台账和司法统计报表的方式进行，难以保证数据的客观准确，无法及时反映审判动态，不利于及时发现和改进审判过程中存在的质量、效率问题。特别是近几年来，人民法院收案数量呈现爆炸式增长，审判执行任务日益繁重，人民群众司法需求不断增长，社会公众对审判效果的评价日趋多元，以司法统计报表为主

要手段的传统审判管理方式的弊端日趋突出。现实状况和人民群众的需求呼唤采用新技术和新方式，用大数据的理念和方法管理法院审判执行信息的机制应运而生，成为法院信息化的重要任务之一。

1. **提升法院审判执行质效**

审判执行质效是公正司法的基础，信息化技术在审判管理、提升质效方面大有作为。各级人民法院的信息网络系统、诉讼服务平台是网上办公、网上立案、网上办案、网上查询、网上申诉的重要载体，是法院审判执行的技术支撑。以法院审判结案的情况为例，全国不少法院存在年度办案“前松后紧”、年底收案“急刹车”的现象。2015 年，受经济下行、立案登记制改革、民事诉讼法司法解释出台和行政诉讼法修改等因素影响，全国法院新收案件数量迅速增长。为了解决这个问题，最高人民法院下发了《关于进一步加强执法办案工作的紧急通知》，要求各级人民法院聚焦审判执行中心工作。同时，最高人民法院依托数据系统，加强对审判运行态势的研判，适时通报工作情况，强化跟踪督促，并根据各审判业务部门工作量分流案件，均衡办案任务。2015 年年初，最高人民法院作出了 2014 年度全院审判工作总结，之后每季度制作《审判运行态势分析报告》，为各部门和法官掌握整体情况、明确问题与差距、积极推进工作提供数据支撑。

不少地方法院也建成了工作质效评估系统。如北京法院成立了专门的审判管理办公室，承担信息收集、问题研判、决策建议参考、流程监控等 10 项工作职责，通过定期收集、分析和发布反映案件审判质效的评估数据，定期编发审判管理通报，为各级领导决策提供参考。同时通过建立 4 级、35 项指标组成的覆盖各法院、各审判业务庭、各法官和全部案件的审判质量考核体系，让全市各院、各庭、各法官都主动围绕指标找问题，并积极采取对策。

浙江法院依靠信息化技术建立了全省法院审判、执行两个质量效率评估体系，经数据中心自动采集运算全程同步即时录入的案件信息，在全国各省区率先自动实时生成 26 项办案评估指标，让各级人民法院看清本院办案工作的强项和弱项，看清自身各项工作在全省法院所处的位置和差距，极大地提升了信息化办案管理水平。评估系统还具备灵活的信息数据跟踪监测、预警、检索、统计等功能，能自动提示并防止案件信息的漏录、错录等问题，追溯具体案件直至每一个办案节点的流程信息，实现对各个法院、每名法官直至每个案件的科学量化管理，增强评估工作的针对性、客观性和权威性。

重庆市第四中级人民法院依托“网上办案系统”，自主设计研发了“审判管理综合系统软件”，内容包括“法官业绩评估”“法官质效评估”“案件评查管理”“案件信息管理”和“部门工作评估”五部分。该软件不仅能够通过信息化手段量化法官的审判工作业绩，管理者通过数据对审判资源进行结构性调整，优化配置审判资源，还能够为院庭长行使审判管理权和审判监督权提供平台，改变了法院内部传统的管理方式。可视化的全程监督管理排除了不良因素对审判活动的干扰，使院庭长的监督管理全程留痕，便于落实司法责任制及错案追究制度。此外，审判数据采集自动化，提升了法院审判管理集约化、精细化水平。

2. 为法官提供智能化服务

信息化为法官查询、参考同类案件提供了技术支撑，确保法官查明事实，正确适用法律，减少司法裁判和司法决策过程中的不确定性和主观性，促进统一裁判标准。信息化为辅助分案、案由调整、专业合议庭等动态管理提供了支撑，使法官办案更加方便、高效，当事人诉讼更加便利，司法更加接近人民群众。

上海法院开发了“法官办案智能辅助”“裁判文书智能分析”“移动智能终端办案 APP”“法律文书自动生成”和“办公办案一键通”等35个系统，实现了法官办案智能化。法官办案智能辅助系统，利用大数据分析技术实现关联案件、参考案例、法律法规等信息的主动推送服务，为法官办案提供个性化、精细化、智能化服务。裁判文书智能分析系统对文书中61项质量要素进行大数据分析判别，发现人工评查不易查出的逻辑缺陷、遗漏诉讼请求等实体性问题，提醒法官甄别修正。该系统已累计分析近130万篇裁判文书。移动智能终端办案APP方便法官利用手机等智能终端处理办案事务、提醒办案事项、查询案件信息、查阅审判文件等，使办案更加便捷高效。法官办案智能化辅助系统的广泛应用，大大提升了审判工作质效。2015年，全市法院全年共受理各类案件62.29万件，审结61.45万件，在全市法院受理案件上升13.2%的情况下，审结率实现了大幅上升，同比上升了12.7%。

天津市第一中级人民法院研发了新一代法院工作平

台，将法院业务流、信息流和管理汇于一体，向全体干警提供智能化、个性化的公共信息服务、岗位功能服务和交流互动服务，实现了管理内嵌，服务创新，智慧共享。一是自动提供智能化、个性化信息服务，推送个案参考信息，自动识别法官身份和具体案件，主动将相关的法律条文、指导案例、涉案舆情等信息经过抓取、筛选、整合后，推送给法官作办案参考。提供审判流程信息，将待开庭、待续保、临近审限等12项重点流程信息以12个带数字的模块集中置顶在首页，提醒法官把握进度，统筹安排工作。二是督促规范司法行为。平台整合了案件管理系统、科技法庭系统、文书纠错系统、电子档案系统、办案助手系统，将审判执行工作流程各节点的工作规范与标准内嵌，寓审判管理于服务之中，对法官的审判工作进行规范和指引。法官在每个节点上都可以发起沟通，讨论案件，使案件从开庭提醒到结案归档的整个过程在平台上全流转，并实现实时可视、行为留痕、支持倒查，提升执法规范化水平。三是共建共享法官群智慧。开辟“明正典刑”“民无小事”“疑难杂症”等涉及各审判领域的法官论坛，法官自由参与，分享实践经验，开展学术讨论，互相启发，共同提高。法官个体知识经验逐渐汇聚为法院集体司法智慧，带动了法官整体司法能力的提高，推进了法院信息资产的积累、共享和可持续发展。四是提升司法行政工作效能。平台整合行政办公系统，集中了公文、信息、车辆管理、设备保修、考勤管理、即时通信等行政办公子系统，实现一键登录，提升工作效能。

江苏省南京市中级人民法院研发的“审务通”移动办案平台，于 2015 年 11 月底正式投入使用。群众可以通过手机随时查询诉讼案件办理情况，向法官提交材料、咨询问题、进行催办联络。法官也可以运用“审务通”，在手机、平板电脑上直接办案，即时接收处理当事人提交的材料、回答当事人的问题等，法官可以随时随地全天候办案。

3. 优化再造审判执行流程

信息化改变了传统形式，促进了审判管理的科学化。信息技术对审判执行流程进行再造，实现了案件信息的同步采集。审判、执行人员在完成每一项工作的同时，将产生的诉讼材料第一时间采集进系统，所有信息在工作完成当天采集完毕，系统自动记录采集时间。对于起诉状、送达回证、证据等纸质材料，采用扫描方式采集；

对庭审笔录、法律文书等电子文档，形成的同时上传到系统。同时，庭审、鉴定、评估、拍卖、保全等司法活动也被纳入采集范围，所有庭审实现了实时监控、全程录像。

2015 年，最高人民法院以规范审判管理为导向，优化、完善机关办案平台，丰富办案平台辅助、便利法官办案的相关功能。该平台能做到审判流程信息自动同步公开、文书生效后一键点击上网公布、流程审批、审限管控、绩效展示等强大功能，基本实现了法官办案中形成的各种文书材料，包括阅卷笔录、审理报告、庭审笔录、合议笔录、裁判文书等在办案平台上完成或及时同步上传办案系统的目标，在以现代化科技手段提升执法办案工作效率的同时，案件网上流转、网上审批、全程同步监管、全程留痕等新的工作机制初步成形。

北京法院建立了完善的案件流程制度化体系，制定了在信息化条件下的流程管理、审限管理、开庭管理、归档管理等十几项审判管理规范性文件，并通过优化案件流程、细化管理节点，保证对立案、审判、执行、信访等各个环节均实现有效监控。

江苏省高级人民法院开发数字审理支持系统，整合各类软件应用，实现统一的用户管理、单点登录、数据共享和业务联动，打造成数字化法院。一是工作流程个性化设置。新开发的数字审理支持系统，可以根据法官、司法辅助人员的角色定位与职责分工，设置个性化专门页面，由法官承担撰写审理报告、裁判文书等核心事务，司法辅助人员承担其他信息录入等事务性工作，有效提高了工作效率。二是减少审判流程管理节点。江苏省高级人民法院转变观念，变“流程管控”为“流程服务”，流程管理节点由42个减少到6个（包括立案、分案、审限变更、结案、归档、上诉案件移送），其他节点信息由计算机软件自动抓取。阅卷、庭审、评议、文书撰写、文书送达、结案归档、文书上网等全部在一个界面完成，所有文书一键生成。审判信息智能推送。江苏省高级人民法院还建成审判资源数据库，整合司法文件、裁判文书、典型案例、类案审理指南等信息资源。法官在审理案件时，系统即可自动推送与案件相关的法律法规、司法解释、典型案例和文书模板等，并实现了关联检索、快速定位、效率提升。三是开发移动办案系统。通过4G专网，法官可以随时随地用手机、笔记本电脑等移动设备接收当事人网传材料、办理审限变更、审签法律文书、查看庭审视频、查询收结案情况、办理案件报结手续等，提升了审判执行工作效率。

上海法院开发“审判执行流程管理”“审判综合管理”“文秘管理”“人事管理”等45个系统。审判执行流程管理系统对立案、分案、开庭、结案、执行等450个关键环节录音录像和日志记录，采用电子签章及电子签名技术，实现了案件管理全程可视、办案操作全程留痕。代管款管理系统实现了对执行代管款收、发、退全流程可视化记录。截至2015年5月底，全市法院共收到代管款1289亿元，共发放1203亿元，涉及603981个案件，做到款项信息一目了然。这些系统实现了法院管理可视化，堵塞了管理漏洞。

4. 掌握态势服务审判执行

司法统计数据的准确性具有基础性作用。为提升司法统计数据准确性，完成传统人工填报司法统计报表向系统自动生成转移，最高人民法院向全国高级人民法院下发《司法统计数据来源调查表》，并选取北京、上海等10个高级人民法院作为2015年司法统计信息化试点单位。截至2015年10月15日，有13个高级人民法院实现司法统计自动生成。

司法数据管理和专题分析服务初见成效。截至2015年年底，最高人民法院数据集中管理平台汇聚了全国法院近五年7000万件案件数据，目前最高人民法院数据集中管理平台已经实现从全国31个高级人民法院自动提取案件数据，每5分钟自动提取一次，并可动态展现收案情况。数据具有以下两方面的作用。一是法院借助信息化手段，可以从纷繁复杂的海量司法数据中正确认识和把握审判规律，确保准确查明事实、正确适用法律，以最大限度减少司法裁判和司法决策形成过程中的不确定性和主观性，提高司法水平，防范冤假错案。二是法院对收结存、审判质效、热点案件、特定类型案件等进行挖掘、关联、分析，掌握审判动态、发展趋势和内在规律，更好地服务司法决策和审判管理。

山东法院建成“山东法院数据服务云中心”，对各类数据进行集中存储、开发应用。各项主要业务数据实时生成，一分钟一更新，自动生成三级法院6大类59套基础表、汇总表，与司法统计报表定期比对，为审判执行工作进行“动态体检”。数据运行态势分析系统完成8大类专题分析，制作1.8万组分析图表，定期研判审判运行态势。

（六）深化司法公开，助力法院公信力提升

“正义不仅要实现，还要以看得见的方式实现。”随着法治建设进程的加快，人民群众对司法公开透明的期待更加强烈。2009 年 12 月，最高人民法院出台了《关于司法公开的六项规定》，要求各级人民法院在审判工作中落实立案公开、庭审公开、执行公开、听证公开、文书公开、审务公开。近年来，司法公开的内容不断丰富，方式不断创新，机制不断完善。2013 年 11 月，《中共中央关于全面深化改革若干重大问题的决定》历史性地写入了司法公开的内容，“推进审判公开、检务公开，录制并保留全程庭审资料。增强法律文书说理性，推动公开法院生效裁判文书”。党的十八届四中全会提出要深化司法公开，构建开放、动态、透明、便民的阳光司法机制。2013 年 11 月 28 日，最高人民法院发布《关于推进司法公开三大平台建设的若干意见》，要求推进审判流程、裁判文书、执行信息三方面的公开。

最高人民法院建设了审判流程信息公开、裁判文书公开和执行信息公开三大平台，各级人民法院丰富网站、微博、微信和手机电视等新媒体和移动服务渠道。依托

司法公开三大平台和法院新媒体，全国法院统筹谋划，同步推进司法公开，拓展了司法公开的深度和广度，满足了人民群众多元化司法需求，保障了人民群众知情权、参与权、表达权、监督权，让人民群众掌握更加真实、全面的信息，感受到司法信息公开的好处，以实现办案社会效果和法律效果的有机统一。

1. **信息化推动审判流程公开**

审判流程公开是司法公开的重要内容，是有效解决案件当事人因无法及时获悉案件审理进程、容易对案件审判公正性提出质疑的有效方法，也是让人民群众在每一个司法案件中都感受到公平正义的重要途径。最高人民法院“中国审判流程信息公开网”向当事人及代理人及时推送以下几方面信息：一是法院、人员基本信息以及立案条件、诉讼费收取标准；二是立案相关的案件名称、案号、立案日期、管辖权异议、财产保全、先予执行信息；三是庭审人员相关的合议庭成员、书记员、办公电话、法官等级等信息；四是庭审相关的传票、开庭公告、听证、庭审笔录、询问笔录等信息；五是评估鉴定类的相关信息，如中介机构名称等；六是审判指导类相关信息，如指导性案例、参考性案例等信息；七是裁判相关信息，如裁判文书开始送达时间、完成送达时间、送达方式等信息；八是裁判文书公开类信息，如裁判文书、公布时间、查询方式等信息。截至 2016 年 2 月 20 日，中国审判流程信息公开平台共公布最高人民法院开庭公告 2520 个、审判信息项目 25. 8 万个，总访问量为 88. 85 万次，成功推送短信 27387 条。

各级人民法院也大力推进审判流程信息公开平台建设，各高级人民法院均已建成辖区统一的审判流程信息公开平台并与中国审判流程信息公开网链接。各地审判流程信息公开网建成以来，基本满足了当事人及其诉讼代理人查询案件信息的需求。2014 年 7 月 1 日起，当事人可在北京法院审判信息网实时查询立案、审理、执行、审限、结案 5 大类 93 项信息。[①] 还可在手机 APP 程序上实时查询案件的进展情况。重庆法院在立案通知书、案件受理通知书中印制了二维码，当事人扫描二维码就可以实时查询案件流程节点信息。

南京市中级人民法院 2015 年建成了网上预约旁听庭审制度，将未来一周每天的庭审安排在互联网上公布，

① 最高人民法院司法改革办公室：《中国法院的司法公开》，人民法院出版社 2015 年版。

让人民群众自主选择案件，并通过网络预约旁听。自活动开展以来，除自行进入法院旁听的群众之外，全市法院共邀请群众250768人，旁听各类案件40058件，征集意见建议4388条。其中，有15000余人次通过网络预约旁听庭审。

各级人民法院审判流程信息公开平台建设基本满足了当事人及其诉讼代理人查询审判流程信息的需求。现在案件由谁来办、进展到什么程度，网上都能查到，短信都可自动推送给当事人。从立案开始，到作出裁判，审判活动均在阳光下运行，保障了当事人的知情权，增强了审判工作的透明度。

2. 信息化助力裁判文书公开

裁判文书是整个审判活动的集中反映和最终结晶，是法院查明案件事实、决定适用法律的最终结果，是决定当事人权利义务分配的关键文书。依法准确、全面、及时、有效地公开裁判文书，让诉讼参加人、社会公众信服裁判结果，是以看得见的方式实现司法公正、倒逼法院提高司法审判水平的必然要求。最高人民法院建立全国统一的裁判文书公开平台后，全国各级人民法院的生效裁判文书陆续通过“中国裁判文书网”向社会公布。截至 2016 年 2 月 29 日，各级人民法院已经公布生效裁判文书 1570.7 万余篇，每天新增近 4 万篇，其中包含维吾尔语、蒙古语、藏语、朝鲜语、哈萨克语 5 种民族语言的裁判文书，总访问量达 4.78 亿人次，日均访问量达 58 万人次。裁判文书上网实现了“全国所有法院、所有案件类型全覆盖”（见图 1），“中国裁判文书网”已经成为全球最大的裁判文书公开网。随着各级人民法院的生效裁判文书陆续上网，群众再也无须到案件审理法院查询文书，直接登陆“中国裁判文书网”即可轻松找到。该系统的高级检索功能、快速检索联想、分裂引导树、目录、一键分享、手机扫码阅读等功能更是受到好评。①

在推动裁判文书公开方面，最高人民法院专门发布相关规定，明确不上网公开的裁判文书种类范围，强化不上网审批管理，要求所有公开的裁判文书都必须做相应的技术处理，信息化在提升文书处理效率、保护公民隐私权方面也发挥了重要作用。

---

① 《裁判文书网智能大升级，四大亮点新鲜实测 | iCourt》，http://chuansong.me/n/2042740，最后访问日期：2016 年 2 月 23 日。

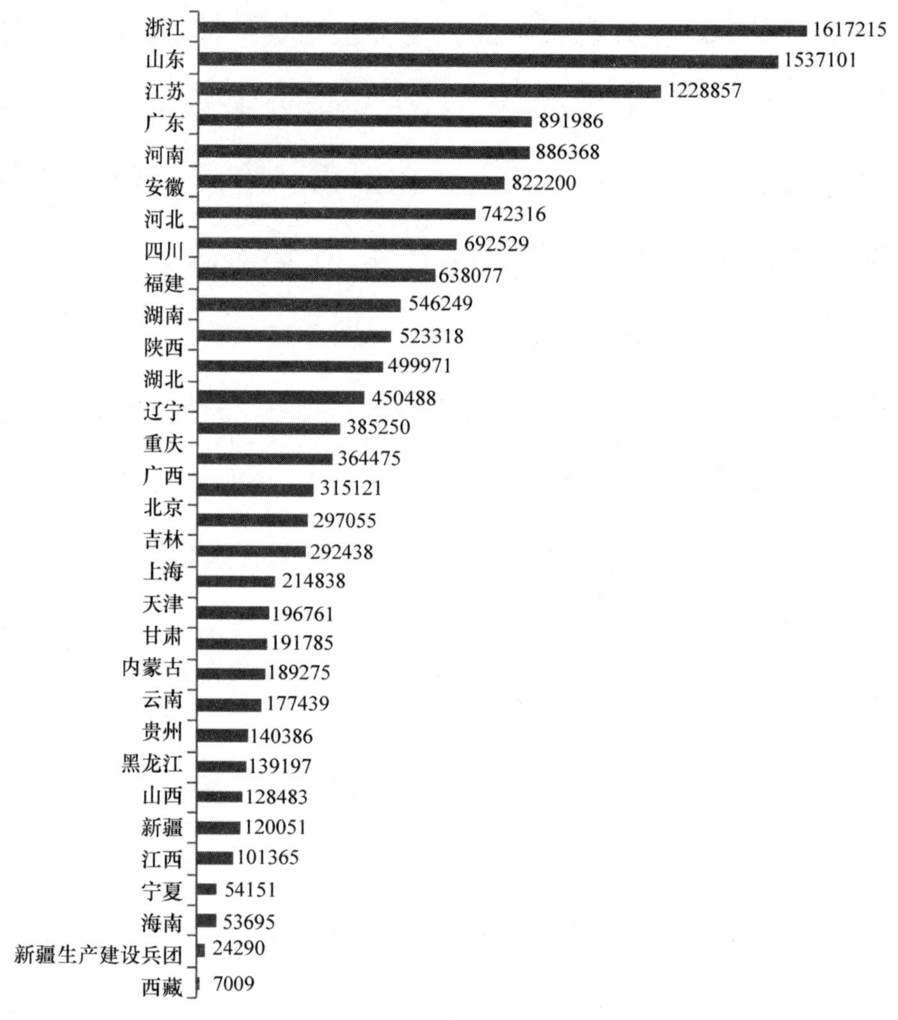

图 1 各省市区法院裁判文书上网数量

数据来源：中国裁判文书网，数据截至 2016 年 2 月 22 日。

3. 信息化深化执行信息公开

法院执行工作是法院依照法律规定，依当事人申请，将法院生效法律文书所确定的内容付诸实现的活动。执行是确保司法裁判得以落实、当事人权益得以保障的最后一道关口，是提升司法公信力的关键。

执行公开是法院司法公开的重要内容。最高人民法院建成“中国执行信息公开网”，向当事人和公众公开与执行案件有关的各类信息，主动接受社会和当事人的监督。“中国执行信息公开网”主要公布全国法院执行案件流程信息、失信被执行人名单、被执行人信息、执行裁判文书四类执行相关信息。

执行当事人可以凭证件号码和密码从“中国执行信息公开网”上获取执行立案、执行人员、执行程序变更、执行措施、执行财产处置、执行裁决、执行结案、执行款项分配、暂缓执行、中止执行、终结执行等信息。社会公众也可以通过该平台查询执行案件的立案标准、执行财产处置、拍卖公告等信息。截至 2015 年年底，有 3766 万余人次通过该平台查询执行案件信息。

最高人民法院建立了公布失信被执行人名单制度，开通“全国法院失信被执行人名单信息公布与查询”平台，在微博、微信开设“失信被执行人曝光台”，与人民网联合推出“失信被执行人排行榜”，扩大失信被执行人信息传播范围，形成强大的信用惩戒威慑，促使被执行人主动履行义务。2014 年 12 月，最高人民法院还开通指挥系统，统一对全国法院执行案件进行管理，对被执行人和被执行人财产进行查找控制，对失信被执行人予以惩戒。

各级人民法院也利用信息平台公开并依法与有关部门共享失信被执行人名单信息，限制出境、限制招投标、限制高消费的被执行人信息等。在此过程中，各级人民法院积极参与推进社会征信体系建设，推动建立覆盖全国的失信被执行人信息网络查控体系，加速推进信用惩戒机制建设，将失信被执行人名单信息通报给相关部门，限制失信被执行人购买列车软卧车票、飞机票和申请贷款、办理信用卡，禁止担任企业法定代表人、高级管理人员等，促使被执行人主动履行执行义务。截至 2016 年 2 月 29 日，公布失信被执行人 302 万人，失信信息查询 4011 万人次。对失信被执行人实施限制出境、乘坐飞机、贷款置业等联合信用惩戒，民航限制购票 388 万余人次，铁路限制购票 78 万人次，联合信用惩戒的部门和行业已由初期的中航信、中铁总公司等 8 家扩展到人民银行征信中心等 19 个部门，惩戒的范围从现实的社会活动扩展到网络虚拟空间。

（七）司法改革借力信息技术如虎添翼

法院信息化不仅是整合资源、提高效率、减轻司法工作人员工作量的有效途径，也是推动司法改革的重要举措。推动人民法院信息化建设是人民法院深化司法改革的基本内容之一，现代信息技术可以帮助法院破解工作面临的现实问题和发展难题。

最高人民法院 2015 年 2 月 4 日发布的《四五改革纲要》明确了 7 个方面 65 项司法改革举措，其核心是：建立行政区划适当分离的司法管辖制度，建立以审判为中心的诉讼制度，优化人民法院内部职权配置，健全审判权力运行机制，构建开放、动态、透明、便民的阳光司法机制，推进法院人员的正规化、专业化、职业化建设，确保人民法院依法独立公正行使审判权。上述 7 个方面所包含的 65 项改革至少有 35 项改革直接依赖于信息技术手段，大致可分为以下两类。

1. 信息化推进审判执行改革

《四五改革纲要》对审判执行业务改革方面提出的多项措施均与法院信息化建设息息相关，如建立庭审全程录音录像机制、改革案件受理制度、完善分案制度、完善审级制度、完善案件质量评估体系、深化司法统计改革、深化执行体制改革、推动裁判文书说理改革等。

“建立庭审全程录音录像机制”要求法院建立庭审录音录像机制，并对庭审录像的规范性操作设置了更高标准。庭审录像的规范化管理建立在健全的庭审录像机制的基础之上，法院信息化建设是推进庭审全程录音录像机制举措最重要的前提条件和实施保障。推进庭审全程录音录像机制，一方面要提高科技法庭的覆盖面，提升庭审全程录音录像率，确保庭审内容全程留痕、全程公开；另一方面要提高录音录影的清晰度，不仅要全程录音录像，还需要高质量的录音录像。因为庭审全程录音录像机制不仅为司法公开服务，还能服务于法院自身的工作。例如浙江等地的庭审记录方式改革，依托信息化手段，探索依靠全程录音录像记录和固化庭审过程，不再使用书记员现场制作庭审笔录，极大地节约了时间和人力成本。

“完善案件受理制度”要求变立案审查制为立案登记制，并加大立案信息的网上公开力度，此项举措关系到法院公开网站建设的完整性和准确性。完善案件受理制度还要求健全配套机制，包括健全多元化纠纷解决机制、建立完善庭前准备程序以及强化立案服务措施。其中强化立案措施关系到人民法院诉讼服务中心及其信息化建设。推行网上立案、预约立案、巡回立案，为当事人行使诉权提供便利。2015 年，江苏省全省法院通过网上立案登记系统接收立案登记申请25779 件，登记立案 19939 件，立案登记率达到 77. 35% 。

“完善分案制度”强调对案件的随机分配。“完善案件质量评估体系”中提出“依托审判流程公开、裁判文书公开和执行信息公开三大平台，发挥案件质量评估体系对人民法院公正司法的服务、研判和导向作用”。

在执行业务方面，《四五改革纲要》提出“执行体制改革”的要求，强调建立失信被执行人信用监督、威慑和惩戒法律制度，加大司法拍卖方式改革力度，重点推行网络司法拍卖模式。目前，司法网拍在中国主要有两种模式：一是与淘宝网合作，在其司法拍卖网络平台上开展司法拍卖业务；二是通过人民法院诉讼资产网进行司法拍卖网上竞价。司法网拍引入第三方交易平台，采取全网络化的电子竞价方式，可以物理隔离利益关联，让司法拍卖在阳光下操作。司法网拍模式的改革直接依赖于法院信息化的建设水平，并督促法院在信息化建设的过程中不断探索、完善现有模式。

送达制度改革的重点是探索电子化送达方式，提高送达的效率及准确率。全国大部分法院都在探索短信、电子邮件等电子化送达模式，在浙江、广东等地已经开始推行，不仅方便了当事人，节约了司法资源，更提高了送达效率。

上述相关举措均要以法院信息化平台的建设和有效运行为基础和保障来展开，法院信息化程度越高，对司法改革的助力作用就越大。

2. 信息化推进司法管理改革

司法改革不仅要使司法活动更加公平公正、公开透明，还要使司法管理更加科学高效，这是节约司法资源、提高司法效率的重要途径。为此，法院内部的管理决策、行政管理、档案管理、人事管理、纪检监察和信息化管理方面都有必要进行科学化的改革。《四五改革纲要》提出的“推动法院人员分类管理制度改革”“健全院、庭长审判管理机制”“健全院、庭长审判监督机制”“健全审判管理制度”“推动法院人员分类管理制度改革”“推动省级以下法院人员统一管理改革”“理顺法院司法行政事务管理关系”“建立法官员额制度”“完善法官业绩评价体系”和“完善法官在职培训机制”等司法管理方面的举措都与法院信息化密切相关。

“健全院、庭长审判管理机制”主要是依托现代信息化手段，建立主审法官、合议庭行使审判权与院、庭长的内部监督制约机制。“建立法官员额制度”“推动法院人员分类管理制度改革”“推动省级以下法院人员统一管理改革”则旨在科学规范人员管理，合理配置司法资源。上海、广东、湖北等地已就此展开试点。人员的合理分配及科学管理离不开法院信息化建设，法院人事信息管理系统的建设可以全面掌握每位法官的动态，并使法官信息和案件信息相关联，有利于整合内部管理、落实司法责任。

“理顺法院司法行政事务管理关系”要求依托信息化科学设置人民法院的司法行政事务管理平台，规范和统一管理职责，尽可能减少繁杂行政事务对司法资源的消耗。“完善法官在职培训机制”要求建立中国法官教育培训网，推广网络教学，依托信息化手段实现资源共享。“完善法官业绩评价体系”要依托信息化平台进行，法官业绩评价体系的建立离不开法院信息网络的有效运行。

信息化技术助力司法人事管理和行政办公水平提

升。截至2015年年底，全国90%以上的法院建成了人事管理系统，50%以上的法院建成行政办公系统和内部网站；司法改革试点地区还开始探索建设支撑人财物统一管理、人民陪审员管理和法官遴选等工作的信息系统。这些司法辅助管理系统的运用对法院人员管理、工作绩效的考核等都有很大的帮助。如南京法院的审判管理信息平台，包括审判执行考核、信访考核、队伍建设考核等多个模块。每一个法官和书记员的审判质效数据、案件信访情况、工作创新成果以及廉洁守纪情况等20多项信息内容一览无余，管理部门可依据这些数据进行综合考评。

总体来看，《四五改革纲要》中7个方面65项司法改革举措中有35项措施与法院信息化建设直接相关或以之为支撑，涵盖了服务人民群众、服务审判执行、服务司法管理三大法院业务范围，囊括了法院业务的20多个方面。推进法院信息化建设，必将对法院改革起到至关重要的支撑、助力作用。

（八）大数据集中应用，提升治理能力

数据是国家的基础资源，也是国家的竞争力所在。

数据的价值在于应用，在于用大数据和大数据技术支持决策、服务管理。党的十八届五中全会提出实施网络强国战略，实施“互联网+”行动计划。国务院常务会议通过了《促进大数据发展的行动纲要》，提出推动公共数据资源开放共享，将大数据应用提到了基础性战略地位的高度。

信息化不仅生产数据，还要管理、利用好数据。人民法院信息化的重要内容之一就是四级法院建设数据集中管理平台，实现全国法院案件信息全覆盖、实现法院人事政务管理全覆盖。同时，基于数据集中存储的优势，应运用先进的模型分析大数据，发挥数据的效用，为司法审判、政府决策与社会经济建设服务。善于运用司法大数据，首先要做到司法数据的集中。司法过程中的每个环节都会产生大量的数据，而这些数据在传统的司法管理模式下分散于不同层级、不同地方与不同部门，形成许多的“信息孤岛”。针对数据碎片化的问题，数据管理平台应当采取一定的组织架构集中各类数据。数据的集中并非简单的物理意义上的集中存储，而是数据的初步加工、分析的过程。审判数据在集中的过程中应按照审判执行工作的特点、时间、类型等进行分类存储，服务于大数据的深入挖掘与分析。

大数据的深入挖掘不仅有利于提升司法工作的效率，推进司法公正，还有利于党政决策与社会治理。当司法数据与外部数据形成联动，综合分析，许多司法工作难题和社会管理的难点都将得到解决。例如，司法公正内在要求的“类案同判”就有赖于大数据提供的各地同类案件的审判数据支持。执行难问题也可以通过司法数据与其他部门数据的综合分析运用而得以有效缓解。司法审判直面社会矛盾，是社会管理运行状况的侧面反馈。由此，及时总结司法审判特点，案件多发的类型就有助于研判社会治理中存在的问题。甚至，基于历史审判数据的分析与社会变迁的考量，司法大数据的某些指标还可以为分析预测经济形势的走向提供依据，为党政决策提供量化指标。

1. **司法信息集中管理成效斐然**

首先，人民法院审判数据中心建设取得良好成效，汇集海量司法数据。2014 年 6 月，最高人民法院数据集中管理平台建成并投入使用，首次实现了对全国法院司法信息资源的汇聚、管理、分析。平台的数据均来自各级人民法院的案件信息管理系统，在不影响既有软件使用习惯、不增加法官工作量的前提下，自动抓取、自动汇聚，将案件数据实时汇聚到平台集中管理。

全国各级法院数据实现全覆盖。到 2015 年 6 月，最高人民法院数据集中管理平台已经实现对全国 3512 个法院的完全覆盖。最高人民法院的数据管理平台基于法院专网实现了法院案件信息的传输和交换。高级人民法院已经建设数据传输交换系统，各省实现本辖区中级、基层人民法院的数据上传和交换，全国法院案件信息开始向最高人民法院逐级汇总。截至 2015 年年底，数据集中管理平台实现了全国 3512 个人民法院全部案件数据的集中管理和部分法院人事数据的融合；数据传输、更新和维护机制基本建立，98.4% 的法院实现案件数据实时报送，全部法院的立案、分案、开庭、流程转换、结案等信息已实现每日更新，各省平均案件数据质量合格率提升到 99.3%，法院全覆盖工作全面完成，这是一个历史性突破。通过建立全自动数据更新、全过程数据核查、全方位数据反馈、高标准数据确认四项保障机制，集中完成两库数据差异的手工比对，突破实现两库数据的自动比对，实现案件数据全覆盖，圆满完成了 2015 年收结存数据确认。

全国四级法院积极建设法院信息数据集中共享、业务处理科学高效的审判数据中心，审判数据中心实时动态更新、开放共享，为审判流程管理、案件质量评查、审判质效评估、审判运行态势分析和法官业绩考核、司法公开等工作提供了强有力的数据支撑。

其次，实现数据开发应用，开展审判执行数据分析服务。数据管理平台为全国3512个法院提供新收、旧存、已结、未结数据服务。数据集中管理平台对当年1900多万案件进行了近15万组图表的比对计算。在上述数据管理基础上，还规划司法数据资源目录体系，梳理出法院数据资源目录的总体框架；同时，提供法院目录服务，展现全国3512个法院层级及相关信息。此外，还针对当前的重点审判专题开展数据分析与专题研究，2015年共开展了包括非法集资与民间借贷专题在内的15项专题分析服务。数据开发应用为把握法院审判趋势提供了有力的支持和技术保障。

最后，地方法院数据集中管理建设创新层出不穷。北京市高级人民法院建成“信息球”立体运行模式，该平台可通过逻辑计算每天形成160万组数据分析图表，全面分析审判业务运行态势，为全市三级法院提供动态业务数据分析服务。

2008 年，浙江省高级人民法院启动实施案件数据大集中工程，以高级人民法院、中级人民法院、基层人民法院各设数据总中心、数据分中心和数据子中心为总体框架，形成互为备份、提供个性化管理应用的战略布局，完成了全省三级法院审判业务系统的数据集中。截至 2015 年下半年，数据中心已汇总全省 1000 万个案件的数据、200 万余件案件的庭审录音录像、1800 万册合计 11.4 亿页的电子档案资料，使司法管理质效上了一个台阶。

重庆市高级人民法院建立了司法信息资源库。利用云计算、大数据等技术手段，建成全市法院数据云中心，汇聚全市法院审判、政务、队伍等应用系统信息及其他关联数据，通过分析、对比、统计等方式进行深度挖掘、综合应用，为法院工作提供大数据智能分析、精准研判、动态监控管理等功能。截至 2015 年 8 月，完成档案、庭审、文书等专业资源库建设，“云中心”已汇聚案件 197 万余件、13 万余个庭审音像资料、725 万余册法律文书、546 万余册档案。

2. **大数据服务于经济社会建设**

大数据不仅服务于法院内部系统，更需与其他政府部门及社会组织进行广泛共享、有效联动，服务经济社会建设。当前，法院司法数据专题分析和服务已初见成效，最高人民法院初步开展对全国法院审判数据的整合、挖掘，提供司法统计、审判质效、专项分析、信息搜索等分析服务；探索对社会热点、关注度较高的案件进行深度分析，用于预判苗头性、倾向性问题。

法院信息化可以推进审判数据与公安、社保、医疗、教育等部门数据的共享共用，为党政决策提供审判态势分析报告，其中包括案件数据分析，分析被告人的基本信息和裁判结果，为社会治安的网格化、精细化管理提供信息支撑。传统的社会治理采取了网格化模式，对社区、街道采取网格划分。网格化促使治理方式精细化的同时，也产生了大量的“人、地、事、物、组织”等信息。公安、司法、计生、房管、民宗等部门提供的数据就有助于社会管理的立体化、精准化，使得网格化的社会治理模式通过“互联网+”拥有了虚拟的数据形态。随着政府部门数据的公开、开放，公众与政府的关系也进一步转变。传统的公民参与通过大数据的形式进入政府决策中，而传统的政府汲取民意的渠道也因为大数据而更为丰富。

部分高级人民法院开始利用审判信息分析为当地党委政府提供决策支持服务。如四川法院研发审判业务条线管理系统，并通过运用审判大数据分析，积极向党委政府提出工作建议。近年来，先后对全省毒品犯罪，涉金融、民间借贷案件的审判数据进行了深度分析，提出了治安突出问题整治、经济运行风险防控、民生权益保护等工作建议，形成报告供省委领导和相关部门决策参考。四川省高级人民法院要求以审判大数据为依据，确定调研重点，有力促进了调研工作的质量提升。如通过数据分析，针对建设工程施工合同纠纷二审案件明显增加的情况，于2015年出台了《四川省高级人民法院关于审理建设工程施工合同纠纷案件若干疑难问题的解答》，促进统一这类案件的裁判标准、提升案件质量。2014年，山东省高级人民法院针对涉金融纠纷高发多发的问题，运用大数据进行专项分析，提出了强化金融监管、规范金融秩序的司法建议，得到了山东省政府的采纳。

（九）助力法院廉政建设，监督司法权力运行

近年来，法院廉政建设虽然取得显著成效，但是还存在廉政制度不落实、监督不到位、不严格按程序办事，甚至违纪违法现象，因此，借助信息化加强法院廉政建设十分必要。

1. 建成纪检监察应用系统

十八届四中全会指出，明确司法机关内部各层级权限，健全内部监督制约机制，司法机关内部人员不得违反规定干预其他人员正在办理的案件，建立司法机关内部人员过问案件的记录制度和责任追究制度。据此，《四五改革纲要》提出，改进和加强司法巡查、审务督察和廉政监察员工作；建立上级纪委和上级法院为主、下级法院协同配合的违纪案件查处机制，实现纪检监察程序与法官惩戒程序的有序衔接；建立人民法院内部人员过问案件的记录制度和责任追究制度；依法规范法院人员与当事人、律师、特殊关系人、中介组织的接触、交往行为。最高人民法院依托信息化建设开发出纪检监察应用系统，该系统具有领导干部和法院内部人员过问案件登记、查询和导出等功能，在反腐败、防止非法干预案

件等方面发挥了重要作用。

2. 便捷人民群众投诉举报

全国法院开通网络举报平台，方便人民群众行使宪法赋予的神圣权利。举报平台采用先进的软硬件技术，利用信息化的科技优势，发挥网络化效应，具有便利、互动、监督、高效、安全的特点，不仅使全国四级法院在网络举报受理核查工作中形成了合力，同时便于上级法院对下级法院网络举报受理核查工作的指导监督。

举报平台采用统一的标准，分为举报前台和办信后台。举报前台设在互联网上，收集人民群众举报，并向举报人反馈办理情况，人民群众可以通过最高人民法院举报中心网站（http://jubao.court.gov.cn）访问各个法院的举报网站。办信后台设在法院系统内网，负责分析和处理举报的相关信息。为了防止举报信息泄露，保护举报人的权利，举报前台和办信后台都具备相应的保密措施。

全国四级法院举报网站联网开通，是人民法院落实党风廉政建设主体责任、进一步拓宽群众举报渠道、深入惩治司法领域腐败现象的重要举措，是上级法院对下级法院举报受理工作加强监督的有效方式。四级法院举报网站联网开通，不仅使人民法院提高了发现违纪违法线索和查办违纪违法案件的能力，拓宽监督举报渠道，积极回应人民群众关切，让群众更加便捷地行使举报监督权利，而且能使公众更真切、更直接地感受到司法的公平公正。

3. 完善内部监督监控系统

全国四级法院借助信息化强化内部监督，将案件的运行情况始终置于严密的监控之中，实现对审判过程结果和质量效率的全面、动态、及时的监督；将审判执行信息置于阳光之下，让社会和群众进行外部监督，以确保司法公正。可以说，信息化实现了对法院庭审活动全程监控，办案过程公开透明、有痕有迹，案件运行情况“看得见、摸得着、管得住、说得清”。

为了保证司法规范化，许多法院公用车辆安装 GPS 定位系统，记录保存驾驶员每天出车的次数、里程、线路、油耗等数据信息，防止公车私用等现象。为外出执行干警配备“执法记录仪”，对执行过程进行全程录音摄像，既监督规范司法过程，又方便在出现纠纷时随时取证。

为加强廉政风险的有效防控，法院普遍在办公区域、过道、法庭、调解接待室等处安装了监控设备，对当事人与干警交往接触情况、开庭情况和办案法官言行举止、工作态度进行多角度监控，有效防止不正当交往现象。

（十）信息化建设稳步推进，保障机制不断完善

1. 组织领导和队伍建设

信息化人才队伍是司法辅助队伍的重要组成部分。2015 年 6 月最高人民法院出台《关于人民法院信息化人才队伍建设的意见》，明确要求信息化人才应纳入司法辅助队伍，并对机构和专业结构配置提出了要求。各级人民法院均成立了信息化建设领导小组，最高人民法院成立信息中心，高级人民法院均已设置信息技术机构，部分中级、基层人民法院设置了专门机构或在办公室等部门配置了专业技术人员。

目前，全国法院已经建成一支约 7200 人的专业技术队伍，包括 5300 多名在编人员和 1900 多名聘用人员，并通过技术培训、异地交流、专项讲座、专题研讨、专题调研等多种方式不断提高技术人才的业务素质。

2. 运维保障和信息安全

人民法院信息化保障建设稳步推进，运维保障体系

基本形成。外包服务是基础设施运维的主要模式，各级人民法院每年运维经费投入约1.68亿元，常驻运维外包技术人员达1400余人。多数高级人民法院在基础设施运维和应用运维方面较为规范。运维工作向数据和安全运维延伸。50%的高级人民法院采用自行或外包方式开展数据运维，北京等少数法院采用外包方式开展安全运维。可视化运维成为管控信息系统运行状况的有效手段。50%的高级人民法院实现对基础设施的可视化运维，通过对各类设备动态监控，提前发现问题、解决问题，保障信息系统稳定运行。

信息系统等级保护工作稳步推进。78%的法院开展等级保护工作，28%的高级人民法院已开展专网重要信息系统整改和测评工作，16%的高级人民法院已开展互联网重要信息系统整改和测评工作，19%的高级人民法院在进行外部专网重要信息系统整改和测评工作。

三　人民法院信息化的努力方向

中共中央办公厅、国务院办公厅印发的《2006—2020年国家信息化发展战略》明确指出，信息化是当今世界发展的大趋势，是推动经济社会变革的重要力量，大力推进信息化，是覆盖中国现代化建设全局的战略举措，是贯彻落实科学发展观、全面建设小康社会、构建社会主义和谐社会和建设创新型国家的迫切需要和必然选择。《中华人民共和国国民经济和社会发展第十三个五年规划纲要》提出，深化司法体制改革，尊重司法规律，促进司法公正，完善对权利的司法保障、对权力的司法监督，还进一步要求，促进经济社会协调发展，促进新型工业化、信息化、城镇化、农业现代化同步发展，在增强国家硬实力的同时注重提升国家软实力，不断增强发展整体性。在全面依法治国的背景下，信息化服务人民法院司法改革的任务更加繁重，服务人民群众司法需求的使命更加艰巨，为法院科学发展提供的机遇更加难得。因此，2015年，最高人民法院提出建设信息化3.0版，以《四五改革纲要》和《人民法院信息化建设五年发展规划（2016—2020）》为指导，以促进审判体系和审判能力现代化为目标，不断强化需求导向，积极运用新兴技术，坚持服务人民群众、服务审判执行、服务司法管理，全面推进人民法院信息化建设转型升级，为人民法院工作科学发展提供坚实的信息科技保障。

人民法院信息化 3.0 版的建设目标是促进审判体系和审判能力现代化，形成支持全业务互联网诉讼、全流程审判执行要素依法公开、面向用户按需提供全方位集成式司法审判信息资源服务和辅助决策支持的智慧法院。

《人民法院信息化建设五年发展规划（2016—2020）》还勾勒了人民法院信息化 3.0 版的六个特征。

一是全面覆盖。各级人民法院要以“天平工程”为引领，加强整体规划和顶层设计，充分运用网络和云计算等技术，实现全国四级法院网络联通全覆盖，司法审判、司法人事、司法政务业务与流程全覆盖，实现四级法院和人民法庭固定和移动网络的“全覆盖”，各类司法信息资源全覆盖，以及诉讼当事人、社会公众和相关政务部门多元化司法需求全覆盖。形成互联互通、畅通无阻、资源共享的法院信息化工作网络。

二是移动互联。各级人民法院充分运用网络和移动应用技术，探索办公业务向移动终端拓展。积极开发面向公众的移动应用，最大限度地为当事人、律师和社会公众实时提供司法公开和诉讼服务。最大限度地为法官办公办案提供便利，推进巡回审判、执行或送达、人民法庭专网接入等移动应用，稳步推进办公办案等移动终端应用。

三是跨界融合。各级人民法院充分运用云计算、共享交换等技术，整合与拓展各类基础设施、应用系统和信息资源，实现法院内部各领域的融合贯通，以及法院与外部特别是相关部门网络的横向接入，促进末端处理与前端治理相结合，使信息化建设更好地服务人民群众、服务审判执行、服务司法管理。

四是深度应用。各级人民法院要坚持数据驱动，充分利用人民法院丰富的案例资源，加强对大数据、云计算技术的运用，准确把握新形势下审判执行工作的运行态势、特点和规律，积极拓展案件实证分析，分析新形势下审判执行工作的运行态势、特点和规律，为法院自身建设、国家和社会治理提供准确的信息决策服务。

五是透明便民。各级人民法院充分运用互联网技术，使司法公开三大平台信息资源覆盖全国法院所有应该公开的内容，进一步拓展司法公开的广度和深度，提升司法公信力；创新司法便民利民举措，为诉讼当事人提供形式多样、方便快捷、更加人性化的线上线下诉讼服务。

六是安全可控。各级人民法院充分运用先进的信息安全技术，提高信息安全意识，完善信息安全保障机制，建立权责明晰的网络安全责任制，提高基础信息网络和重要信息系统的安全保护水平，落实等级保护和分级保护要求，提升基础信息网络和重要信息系统的安全风险防控能力，确保信息安全与信息化建设同步发展。

当前，最高人民法院提出，加快建设“智慧法院”，通过信息化实现审判执行全程留痕，规范司法行为，力争到2017年年底建成全面覆盖、移动互联、透明便民、安全可靠的智能化信息系统；完善司法公开三大平台和数据集中管理平台，加强大数据分析，统一裁判尺度，促进类案同判和量刑规范化；针对审判数据反映的问题，及时提出司法建议，促进社会治理；推进诉讼档案电子化、诉讼文书电子送达，解决调卷难、送达难等问题。人民法院信息化建设还存在着理念思维、均衡发展、规划实施、应用水平、管理机制、人才队伍等方面不相适应的问题。要实现法院信息化3.0版的建设要求，还应将如下几方面的工作作为重点。

（一）提升观念认识，将信息化作为法院工作的自我革命

法院信息化建设首先要使法院全体干警转变观念，充分认识到信息化对法院司法工作的重要意义。在最高人民法院的要求和督促下，各级人民法院普遍较为重视法院信息化的工作，但是也存在一些认识上的误区。一些干警认为法院信息化于己无关，是信息化部门的事，是管理部门的事，在法院信息化过程中，不积极、不主动、不学习、不支持的情况并不少见。对于不熟悉信息化技术的法官及有关工作人员而言，信息化可能会增加其工作量，甚至是给其添麻烦。这部分人员对信息化的态度模棱两可，得过且过，不善于运用信息化技术服务审判执行工作，以至于出现个别方面网上办公和网上办案覆盖率不高、裁判文书上网还不够及时全面等问题。

信息化对推动人民法院工作改革发展意义深远。法

院信息化建设对法院而言是一场革命，颠覆了法院传统的工作模式，颠覆了其与外界沟通的方式，颠覆了其封闭神秘的形象，并对审判执行权力运行形成了无形制约。在信息化时代，司法机关不可能置身事外，只有顺应发展，善用信息化手段，方能立于不败之地。表面上看，信息化虽不是法院的核心业务，但是信息化却能有效地促进法院核心业务的开展，是推动法院各项工作的利器。传统的审判数据处理主要依托样本抽取方式，研究分析的是局部、不全面的信息。在“互联网 +”时代，审判数据处理技术发生了翻天覆地的变化，实现了全面收集案件数据，进行全数据分析，从审判全貌入手，精确性大大提高。信息化的结果必然要求法院各类信息公开透明，要求审判执行各流程环环相扣，要求法官廉洁奉公、要求自身业务能力过硬。

各级人民法院应充分认识到信息化建设的重要性，将信息化融入法院的各项工作之中，使之为审判执行服务，为人民群众服务，为法院管理服务。在社会利益分化、矛盾突出的新时期，用信息化手段提升司法公信力，维护司法权威，保障人民利益，不辱使命。

（二）做好顶层设计，全面整体统筹推进法院信息化建设

法院信息化建设起步早、发展快、地方创新多，对法院的各项工作起到一定的促进作用。但中国是一个发展中的大国，各地法院的信息化基础差别较大，信息化建设所需的人员、资金的支持与配备也各不相同。由此，法院信息化建设首先需要做好顶层的规划设计，避免“一刀切”，而应因地制宜，分类、分步骤推进信息化建设，争取将改革的成本降至最低。目前，法院信息化存在顶层设计不够、发展规划对建设的指导作用相对薄弱的情况；法院政务网站及各类信息系统平台重复建设，信息化建设缺乏统一技术标准，软件系统不能互通，生成的信息资源不能有效共享使用；尚未制定信息化建设效能评估指标体系，缺乏有针对性的核心技术和关键技术预先研究；尚未形成全面完整的信息化建设管理运行机制；电子送达等应用缺乏相关法律支撑；法院专网未实现所有派出人民法庭全面覆盖，各地专网不同程度存在网络带宽不足问题；法院数据管理平台的计算和存储设备难以满足日益增长的法院业务需求，音视频系统互通共享困难；外部专网与相关部门互联还存在空

白；网间信息交换效率较低，还不能全面充分支持业务协同；法院信息化建设成果推广应用渠道分散、覆盖范围不广、针对性较欠缺，“重建设、轻应用”的现象仍较普遍；缺少评价信息化建设成效的思路和手段，尚未建立有效的应用成效评估、通报和改进机制等。

为了推动一些信息在全国范围内集中公开，最高人民法院建有不少专项信息公开平台，地方法院平台建设也十分复杂（见表1）。以法院政务网站建设为例，不少法院在政务网站上开通了司法公开平台、诉讼服务网，平台之间功能交叉、叠加。不少法院还在政务网站之外建立新的司法公开平台。2014年以后，各地法院纷纷建立网上诉讼平台或司法服务网，有的司法服务网建在商业网站下，公众很难从网址上判断其是否是法院的官方信息。由于功能上的交叉重叠，同一项司法信息，需要上传到不同的平台，不仅增加信息公开的成本，也不利于公众快速查询信息。此外，政务网站与专项平台缺乏整合，全国专项司法平台林立，地方与全国平台的链接也不理想。

表 1　　部分法院平台一览

评估对象	政务网	中国法院网地方频道	司法公开平台	诉讼服务平台	地方专项平台
最高人民法院	www. court. gov. cn		www. court. gov. cn/zgsplcxxgkw		111. 205. 123. 169：8080/ssfww
北京市高级人民法院	www. bjcourt. gov. cn	bjgy. chinacourt. org/index. shtml	www. bjcourt. gov. cn	www. bjcourt. gov. cn	bjfyzb. chinacourt. org
天津市高级人民法院		tjfy. chinacourt. org			
河北省高级人民法院	www. hebeicourt. gov. cn	hbfy. chinacourt. org	hbgy. hbsfgk. org	hbgy. hbsfgk. org	hbdzfy. gov. cn http：//121. 28. 48. 74
山西省高级人民法院		shanxify. chinacourt. org/index. shtml		gy. shanxify. gov. cn	
内蒙古自治区高级人民法院		nmgfy. chinacourt. org/index. shtml	nmgy. susong 51. com	nmgy. susong 51. com	
辽宁省高级人民法院		lnfy. chinacourt. org	www. lnsfy. gov. cn		
吉林省高级人民法院	courts. jl. gov. cn/jgsz/jlgy	jlfy. chinacourt. org	www. jlsfy. gov. cn		www. e－court. gov. cn
黑龙江省高级人民法院	www. hljcourt. gov. cn		www. hljcourt. gov. cn/sfgk	hljgy. susong 51. com	tv. hljcourt. gov. cn
上海市高级人民法院	www. hshfy. sh. cn/shfy/gweb/index. html	shfy. chinacourt. org/index. shtml	www. hshfy. sh. cn/shfy/gweb/index_ dh. jsp		
江苏省高级人民法院	www. jsfy. gov. cn		221. 226. 175. 76：8038/webapp/area/jsgy/wsgk/wsgk. jsp	ssfw. jsfy. gov. cn	

续表

评估对象	政务网	中国法院网地方频道	司法公开平台	诉讼服务平台	地方专项平台
浙江省高级人民法院	www. zjcourt. cn		www. zjsfgkw. cn		www. zjcourt. cn www. zjwsft. gov. cn lsfpt. zjsfgkw. cn
安徽省高级人民法院	www. ahcourt. gov. cn		www. ahgyss. cn	www. ahgyss. cn	www. ahcourt. gov. cn：7000
福建省高级人民法院	www. fjcourt. gov. cn	fjfy. chinacourt. org/index. shtml	www. fjcourt. gov. cn	http：//ss-fw. fjcourt. gov. cn	www. fjcourt. gov. cn/page/court/Tszb
江西省高级人民法院		jxfy. chinacourt. org	www. jxfy. gov. cn/web/root/index. jsp #news		
山东省高级人民法院	www. sdcourt. gov. cn/sd-fy/349727/index. html	sdfy. chinacourt. org/index. shtml	www. sdcourt. gov. cn		123. 233. 248. 122
河南省高级人民法院	www. hncourt. gov. cn	hnfy. chinacourt. org/	ssfw. hncourt. gov. cn/	ssfw. hncourt. gov. cn/	ts. hncourt. gov. cn
湖北省高级人民法院	www. hbfy. gov. cn	hubeigy. chinacourt. org			
湖南省高级人民法院		hunanfy. chinacourt. org/			
广东省高级人民法院	www. gdcourts. gov. cn		http：//www. gdcourts. gov. cn/gdgy/s		gd. xinshiyun. com
广西壮族自治区高级人民法院	www. gxcourt. gov. cn	gxfy. chinacourt. org	yggx. gxcourt. gov. cn		171. 106. 48. 55：18898

续表

评估对象	政务网	中国法院网地方频道	司法公开平台	诉讼服务平台	地方专项平台
海南省高级人民法院	www. hicourt. gov. cn		http：//ssfw. hicourt. gov. cn	http：//ssfw. hicourt. gov. cn	
重庆市高级人民法院		cqfy. chinacourt. org/index. shtml	www. cqfygzfw. gov. cn	www. cqfygzfw. gov. cn	
四川省高级人民法院	www. sccourt. gov. cn		sfgk. sccourt. gov. cn		zxgk. sccourt. gov. cn
贵州省高级人民法院	www. guizhoucourt. cn		http：//www. guizhoucourt. cn/splcgk/index. jhtml	http://www. guizhoucourt. cn/gzfwpt/index. jhtml#	http：//58. 16. 65. 95：8080/rdapp/pcuser/rd/login. do http：//lxxt. guizhoucourt. cn/loginAction/phoneInit. htm? login_ role = 5&fy = 3250
云南省高级人民法院	www. gy. yn. gov. cn		www. ynfy. gov. cn	yngy. ynfy. gov. cn	
西藏自治区高级人民法院			xzgy. susong 51. net		
陕西省高级人民法院		sxfy. chinacourt. org	www. sxgaofa. cn	www. sxgaofa. cn	www. sxgaofa. cn/ts/today
甘肃省高级人民法院	www. chinagscourt. gov. cn		gsgf. gssfgk. com		61. 178. 55. 5：8081/ssxf/index. jsp
宁夏回族自治区高级人民法院	www. nxfy. gov. cn				
青海省高级人民法院		qhfy. chinacourt. org	www. qhcourt. gov. cn		

续表

评估对象	政务网	中国法院网地方频道	司法公开平台	诉讼服务平台	地方专项平台
新疆维吾尔自治区高级人民法院	www. xjcourt. org				
大同市中级人民法院		dtzy. chinacourt. org/index. shtml	dtzy. shanxify. gov. cn		
大连市中级人民法院		www. court. dl. gov. cn			
广州市中级人民法院	www. gzcourt. org. cn				
太原市中级人民法院		tyzy. chinacourt. org/	tyzy. shanxify. gov. cn		
无锡市中级人民法院		wxzy. chinacourt. org			
长沙市中级人民法院		cszy. chinacourt. org			
长春市中级人民法院	cczy. chinacourt. org	courts. jl. gov. cn/jgsz/cczy	cczy. jlsfy. gov. cn		
兰州市中级人民法院	www. chinagscourt. gov. cn/zy. htm? site = lanzhou		www. lzcourt. org：8090	lzcourt. org：8091/lzssfw	lzcourt. org：8092/lztszb
宁波市中级人民法院	www. nbcourt. gov. cn				
本溪市中级人民法院	bxzy. chinacourt. org/index. shtml		bxzy. lnsfy. gov. cn		221. 203. 113. 182/netvod/vodIndex/index. html
石家庄市中级人民法院	sjzzy. hebeicourt. gov. cn		sjzzy. hbsfgk. org		www. sfyzx. com

续表

评估对象	政务网	中国法院网地方频道	司法公开平台	诉讼服务平台	地方专项平台
合肥市中级人民法院	court. hefei. gov. cn				
吉林市中级人民法院		jlzy. chinacourt. org	jlzy. jlsfy. gov. cn		
成都市中级人民法院		cdfy. chinacourt. org	sfgk. cdfy12368. gov. cn：153		118. 114. 244. 67：150/index
汕头市中级人民法院	www. stcourts. gov. cn				
西宁市中级人民法院		xnzy. chinacourt. org			
西安市中级人民法院	xazyold. chinacourt. org	xazy. chinacourt. org			
齐齐哈尔市中级人民法院	qqherzy. hljcourt. gov. cn		qqhezy. susong51. com		
抚顺市中级人民法院		fszy. chinacourt. org	fszy. lnsfy. gov. cn		
沈阳市中级人民法院		syzy. chinacourt. org	syzy. lnsfy. gov. cn		
苏州市中级人民法院	www. szzjrmfy. gov. cn		61. 155. 211. 18/szssfw		
邯郸市中级人民法院	www. hdzy. gov. cn		hdzy. hbsfgk. org		
昆明市中级人民法院	kmzy. ynfy. gov. cn	kmzy. chinacourt. org			
杭州市中级人民法院	www. hzcourt. cn				

续表

评估对象	政务网	中国法院网地方频道	司法公开平台	诉讼服务平台	地方专项平台
郑州市中级人民法院	zzfy. hncourt. gov. cn				
武汉市中级人民法院	www. whzy. hbfy. gov. cn		www. wuhancourt. gov. cn/webapp/area/wh/index. jsp		
青岛市中级人民法院	qdzy. sdcourt. gov. cn				
南京市中级人民法院	www. njfy. gov. cn			221. 231. 143. 7/ssfwzx/webapp/area/nj/index. jsp	nj. sifayun. com
南昌市中级人民法院		nczy. chinacourt. org/index. shtml			
哈尔滨市中级人民法院	hebzy. hljcourt. gov. cn		hrbzy. susong 51. com		
洛阳市中级人民法院	hnlyzy. hncourt. gov. cn		lyfy. susong 51. com		
济南市中级人民法院	www. jnfyw. gov. cn/jnzy-infoplat	jinanzy. sdcourt. gov. cn/jinanzy/376200/index. html	jinanzy. sdcourt. gov. cn/jinanzy/376241/index. html		www. jnfyw. gov. cn/jnzy-infoplat/platformData/infoplat/pub/jnfy _ 2632/include _ page/wsfy. jsp
贵阳市中级人民法院	www. gycourt. gov. cn	gyzy. guizhoucourt. cn	gyzy. guizhoucourt. cn/sfgk/index. jhtml	gyzy. guizhoucourt. cn/gzfwpt/index. jhtml	
唐山市中级人民法院	tszy. hebeicourt. gov. cn		tszy. hbsfgk. org		

续表

评估对象	政务网	中国法院网地方频道	司法公开平台	诉讼服务平台	地方专项平台
徐州市中级人民法院	xzzy. chinacourt. org	xzzy. chinacour t. org/old/fyjj	221. 229. 255. 26:8080/ssfwzx		
海口市中级人民法院	www. hkfy. gov. cn				
珠海市中级人民法院	www. zhcourt. gov. cn				www. hizh. cn/court
淄博市中级人民法院	zbzy. sdcourt. gov. cn				
淮南市中级人民法院		hnzy. chinacourt. org			
深圳市中级人民法院	www. szcourt. gov. cn		ssfw. szcourt. gov. cn		
厦门市中级人民法院	www. xmcourt. gov. cn				
福州市中级人民法院		fzszy. chinacourt. org			
鞍山市中级人民法院		aszy. chinacourt. org			
乌鲁木齐市中级人民法院	www. urumqicourt. org		221. 181. 38. 141:8003/wlmqssfwzz		
南宁市中级人民法院	nnzy. chinacourt. org/index. shtml	nnzy. gxcourt. gov. cn/index. htm	ygnn. gxcourt. gov. cn		
银川市中级人民法院	yczy. nxfy. gov. cn				
呼和浩特市中级人民法院		hhhtzy. chinacourt. org/index. shtml			
拉萨市中级人民法院			xzgy. susong51. net		
包头市中级人民法院		btzy. chinacourt. org/index. shtml	btfy. susong51. com		

针对法院信息化建设统筹规划和顶层设计较为薄弱的普遍问题，最高人民法院和地方各级人民法院需要进一步加强信息化建设发展规划、总体技术方案、技术标准、评价指标体系、管理机制和科技创新等顶层设计工作，为信息化建设提供科学的指导依据。各级人民法院应当根据顶层设计，因地制宜，发展适合本地的法院信息化体系，避免重复建设，资源浪费。同时，顶层设计时要进行充分地调查研究，要符合中国的实际，切不可盲人摸象，只见树木不见森林。

（三）把握司法规律，促进信息技术与法院业务深度融合

信息化作为一项系统工程，在原有的组织建构上推进，新旧系统之间的协调与过渡是法院信息化建设必然要跨过的门槛。各级人民法院虽然建设了一些平台，开发了一些系统和软件，但是其不适应业务快速发展需要的现象明显。最突出的是，众多应用系统功能多样但兼容性不佳；法院内部工作平台与外部服务应用不能高效协同；诉讼服务缺乏统一入口和服务整合；案件信息管

理系统不符合《四五改革纲要》对审判执行工作的要求；对上下级法院、跨辖区法院、法院同相关政法部门之间业务协作支持能力不足；审判支持系统服务法官辅助办案能力欠缺，不能有力化解基层人民法院案多人少的矛盾；移动办公办案、电子公文交换和档案管理能力亟待提高；传统人事管理系统难以充分满足司法改革对人财物统一管理、法官员额动态调节等需求；行政事务管理应用系统建设发展不均衡，不能适应各类业务部门需要，不少法院仍存空白；诉讼服务对各类参与人“一站式”支持能力尚有欠缺；审判执行应用系统在“可用”基础上距“易用”“好用”还有一定的差距；部分应用系统一定程度上甚至加重了法官负担等。

习近平总书记强调：“司法活动具有特殊的性质和规律，司法权是对案件事实和法律的判断权和裁决权。”司法审判追求的是准确查明事实、正确适用法律，追求的是确定性。信息化本质上是运用信息技术，使司法运行更科学、更合理，有效防范和减少不确定性，降低运行成本，实现利益最大化、损失最小化，与司法工作规律是相契合的。因此，各级人民法院在研发系统和软件时应充分考虑司法活动的规律，考虑司法活动的宗旨，以满足司法活动的要求，而不可剑走偏锋，率性而为。

把握司法规律应做到如下几点。一是借助信息化实现审判执行流程再造，全程留痕、实时监督。二是依托信息化管理平台，促进审判管理模式的变革，使案件信息实现从一线干警到院庭长的点到点即时传递，使人民法院各项工作向制度化、法治化、扁平化管理转变，提高司法管理效能。三是运用信息技术手段，实现对审判执行活动的动态监控，加强对审判权、执行权运行中每个环节、每个节点、每个岗位、每个人员的监督制约。四是通过信息集控平台，及时准确地捕捉人民群众的司法需求和各类案件的变化情况，科学研判审判运行态势，调整优化司法政策和措施，提高决策的时效性和针对性。五是通过信息管理系统，对人民法院各类人员信息进行统计分析，提高人员管理效率，让管理者和决策者能够通过数字化、可视化方式了解干警情况，促进提高干部管理工作水平，同时让法官实时掌握自身办案情况，促进法官实现自我约束、自我评估、自我管理。六是开发信息化支撑法院业务系统，实现信息化与法院业务充分融合，拓展信息基础设施，整合业务应用系统、信息资源管理和服务系统，服务审判、服务审判管理。

（四）平衡供给需求，助力审判执行工作、服务人民群众

信息化的系统效用在于发挥司法审判的功能，服务人民群众的司法需求，也是信息化改革的最终目的。但目前看，信息化的供给与不断增长的需求之间还存在一定的差距。目前，各级法院普遍存在案多人少的现象，司法人员迫切需要通过信息化提升工作效率和质量。但各地法院不同程度存在司法信息数据标准不统一、共享困难、人工录入量大、录入信息不准确、节点不完整、系统友好性不佳等问题，无法适应法官的工作需求。司法信息化的纵深发展，要求法院信息化与司法审判、管理活动有机融合，尽量减少不必要的信息填报，提升办案效率，优化审理流程，确保实体公正。

信息化的发展还应该以当事人、代理人和公众的需求为导向，提供便捷、高效、实时的服务。目前，司法平台分散重复建设，给公众准确快捷查询信息带来不便。政务网站是人民法院对外公开信息、方便公众办事的重要平台，但法院政务网站的建设水平仍然参差不齐，影响信息化的效果。

项目组利用技术手段对政务网站建设情况进行了监测。监测范围为全国31个高级人民法院、412个中级人民法院、3168个基层人民法院的政务网站。部分法院同时开设了两个以上网站，均对其进行了监测。此外，有69个法院的网站域名未被检索到，而且，开设网站的法院域名中带有“chinacourt”的网站，由于网站防护机制导致大部分无法监测，本次测评只监测了部分此类网站，因此，实际监测了高级人民法院49个网站、355个中级人民法院的492个网站、2037个基层人民法院的2040个网站。具体监测指标包括网站不可用率、首页栏目更新情况、网站被搜索引擎收录情况、首页不可用链接情况、其他页面不可用链接情况、附件不可下载情况、网页出现严重错别字情况（具体指标定义、监测周期、频率见表2）。

表 2 法院政务网站监测指标

监测指标	指标定义	监测周期	监测频率
网站不可用率	监测网站首页，首页在 15 秒内不可打开的次数占监测总次数的比例	一周	每 5 分钟监测一次
首页栏目信息是否更新	监测时间点前 2 周内首页信息是否更新	一周	每天监测一次
网站是否被搜索引擎收录	是否可以在百度、搜狗等搜索引擎中查找到网站首页	一周	每天监测一次
首页不可用链接	网站首页上不能正常访问的链接个数	一周	每天监测一次
其他页面不可用链接	除首页外，网站上所有页面内不能正常访问的链接总数	一周	每天监测一次
附件不可下载个数	网站内已提供链接附件中不可成功下载或打开的附件数量	一周	每天监测一次
严重错别字个数	引发公众媒体关注，有可能造成恶劣影响的错别字。如：写错国名、国家机构名称，以及党和国家领导人姓名（示例：将“中华人民共和国”错写成“中华人名共和国”）；错误信息背离社会主义核心价值观（示例：将“祖国万岁”错写成“祖国万死”）	一周	每天监测一次
网页内容是否可复制	网页内容是否可人工复制粘贴	一周	每天监测一次

监测显示，49 个高级人民法院网站中，网站不可用率为 0 的有 14 个，占 28.57%；小于 1% 的有 18 个，占 36.73%；大于等于 1% 的有 17 个，占 34.69%。492 个中级人民法院网站中，网站不可用率为 0 的有 143 个，占 29.07%；小于 1% 的有 157 个，占 31.91%；大于等于 1% 的有 192 个，占 39.02%。2040 个基层人民法院网

站中，网站不可用率为0的有581个，占28.48%；小于1%的有657个，占32.21%；大于等于1%的有802个，占39.31%。

首页栏目信息更新方面，40个高级人民法院网站、350个中级人民法院网站、462个基层人民法院网站有更新，分别占81.63%、71.14%、22.65%，数据表明高级人民法院和中级人民法院网站信息及时发布情况较好。

被搜索引擎收录有助于人民群众查询法院网站。监测显示，48个高级人民法院网站、483个中级人民法院网站、799个基层人民法院网站的域名被搜索引擎收录，占比分别为97.96%、98.17%、39.17%。其中，基层人民法院的被收录情况较不理想。

首页不可用链接数方面，无不可用链接的有24个高级人民法院网站、255个中级人民法院网站、1095个基层人民法院网站，分别占48.98%、51.83%、53.68%；不可用链接数不超过10条的，有20个高级人民法院网站、207个中级人民法院网站、903个基层人民法院网站，分别占40.82%、42.07%、44.26%；不可用链接数超过10条的，有5个高级人民法院网站、29个中级人民法院网站、41个基层人民法院网站，分别占10.20%、

5.89%、2.01%；各有1个中级人民法院和1个基层人民法院网站无法访问。

其他页面存在不可用链接的情况，无不可用链接的有20个高级人民法院网站、216个中级人民法院网站、1037个基层人民法院网站，分别占40.82%、43.90%、50.83%；不可用链接数不超过10条的，有18个高级人民法院网站、182个中级人民法院网站、799个基层人民法院网站，分别占36.73%、36.99%、39.17%；不可用链接数超过10条的，有11个高级人民法院网站、93个中级人民法院网站、203个基层人民法院网站，分别占22.45%、18.90%、9.95%；各有1个中级人民法院和1个基层人民法院网站无法访问。

网站内附件均可下载的有41个高级人民法院网站、468个中级人民法院网站和1990个基层人民法院网站，分别占83.67%、95.12%、97.55%。

分别有40个高级人民法院、438个中级人民法院和1933个基层人民法院的政务网站未检出有严重错别字，占比分别为81.63%、89.02%、94.75%。

此外，所有高级人民法院、489个中级人民法院和2032个基层人民法院的政务网站未限制用户对信息内容进行复制，分别占100%、99.39%、99.61%。

从上述指标监测情况看，地方三级法院政务网站建设和运行总体情况较好，但也存在运行不稳定、信息链接无效等问题，不利于满足服务人民群众的要求。

因此，推进法院信息化应以需求为导向，使法院信息化建设更好地服务审判执行、服务司法管理、服务人民群众。以信息化推动审判体系和审判能力的现代化，需要从以下三方面入手。

一是服务审判执行。依靠信息网络系统、诉讼服务平台，让信息化成为网上办公、网上立案、网上办案、网上查询、网上申诉的重要载体，使法官办案更加方便、高效。以提升审判质效、保障公正司法为目的，通过审判业务、执行业务、申诉信访、审判管理和审判支持等信息化建设，为广大法官和干警提供“使用便捷化、业务协同化、服务智能化”的审判执行应用，促进提升审判执行和审判支持服务能力。

二是服务司法管理。以“大数据、大格局、大服务”理念为指导，积极将信息化运用拓展到行政事务、档案管理、人事管理、纪检监察、财务管理和后勤装备等管理领域，为各级领导及内外部管理部门提供“数据集中化、流程可视化、管理精细化”的辅助管理手段，切实提高司法决策和管理科学化水平。

三是服务人民群众。通过提升信息化水平，使各项工作更好地适应人民群众多元司法需求，使当事人参加诉讼更加便利，让司法更加贴近人民群众，让人民群众感受到公平正义。以“互联网+”行动计划益民服务要求为驱动，通过司法公开、诉讼服务、法制宣传、监督建议等信息化渠道，为广大人民群众提供“司法公开日常化、诉讼服务一体化、法制宣传多样化”的司法服务。依靠司法公开三大平台和人民法院新媒体，建立便捷沟通渠道，使信息更加真实、对称，法院和当事人之间及时互动，掌握人民群众多元司法需求，使司法的“总供给”和群众的“总需求”实现基本平衡，最大限度保障人民群众知情权、参与权、表达权、监督权，实现办案法律效果和社会效果有机统一。

（五）提高数据分析运用能力，更好服务于经济社会发展

司法大数据的运用有助于构建现代化的国家治理体系，提升国家治理能力。实践中，各级人民法院的数据

集中管理平台的运行管理能力不足，数据集中范围参差不齐，数据质量不高。这一点从法院公开的信息就可窥其一斑。首先，公开的信息未及时更新。以诉讼指南为例，随着法律文件的修改，诉讼指南应该及时更新，但是，项目组发现不少法院的诉讼指南未及时更新，仍然使用修改前已失效的法律规定。项目组通过对 31 个高级人民法院和 49 个中级人民法院政务网站进行比对，发现有 49 个法院公开的诉讼指南未对行政诉讼相关信息进行更新，占 61.25%。其次，信息录入不准确。以案件节点信息为例，信息准确的前提是系统中存在相应的信息，在信息化不到位的情况下，案件的节点信息主要依赖人工录入，难免会出现错误而导致节点信息录入的不准确，进而影响到信息的质量。

上下级法院之间、法院和其他单位之间、不同网络之间的数据共享交换体系尚未全面建立，“数据孤岛”现象较为突出。大数据应用水平有待提升，数据资源整合和服务能力尚处起步阶段，尚不能为人民群众参与诉讼、向人民群众普及法律知识、高效调配司法资源、服务社会管理和公共决策提供全方位、高水平的智能分析服务。数据管理没有形成规范的体系，数据开发、数据服务、数据安全等方面的机制还亟待完善。“大数据、云技术”还未跨入服务业务实质阶段。

特别是在社会各领域逐步迈入大数据时代之际，如果法院无法紧跟时代的步伐，社会各系统之间无法共享数据与平台，那么，法院工作就难以适应经济社会发展的需要。

法院信息化的目的是为审判执行服务、为司法管理服务、为人民群众服务，最终提升司法公信力，维护司法权威。对司法审判与管理过程中收集的大数据资源进行合理的开发利用，可以更好地实现上述三项服务目标，最终服务于社会经济发展。在司法管理上，大数据的运用可以更好地塑造法院的扁平化管理，重构审判组织架构，提高审判效率，破解“案多人少”难题。在司法审判上，司法大数据的发掘有助于从历史上精确把握司法审判活动的特点、规律与运行状况，帮助党政机关了解当前社会矛盾的特点，为社会治理的政策研判提供数据支持。另外，司法大数据与社会经济发展中产生的数据相结合，配合特定的数学模型与分析运用，可以发掘案件数量、矛盾类型与社会经济发展之间的关系。由此，司法大数据成为构成社会经济晴雨表的一部分，服务于社会经济领域。

为此，各级人民法院应当利用信息技术，提升法院审判执行及管理保障信息的生成和采集能力，提高各类信息和数据的准确性和标准化程度，并引入外部力量，共同研发司法大数据的挖掘、分析方法，提升数据产出效果。

（六）加强队伍建设，做好法院信息化专门人才培养交流

人民法院虽然建成了一支信息化队伍，但人才队伍建设仍然存在短板，不能满足信息时代审判业务发展的需要。一些法院信息化建设人才匮乏，不能适应法院信息化、大数据时代的要求。普遍存在的现象是，信息技术人员不懂司法业务，司法人员不懂信息技术，业务需求与系统研发之间容易出现脱节，研发出来的系统、软件与司法业务的契合度低，修改难度大，不能更好地满足法院业务的需要。更有甚者，由于信息技术与审判业务之间的知识障碍，法院信息化建设中常常出现审判业务与司法管理之间不同步的现象，使得信息化的系统效用难以显现，甚至出现一些负面现象，阻碍信息化改革

的推进。

加强法院信息化队伍建设，使法院信息化真正发挥作用、实现其目的，需要从以下几个方面入手。

一是健全信息化组织保障机制。任务确定了，领导机制是否得力非常关键。各级人民法院要充分发挥各级人民法院信息化领导小组作用，加大统筹协调指导力度，使信息化工作领导坚强有力，方向明确。形成“一把手”负总责、分管领导具体抓、各部门分工负责的工作机制，层层传导责任和压力，确保各项任务落到实处。

二是形成专业化管理和技术人才队伍。各级人民法院应配齐配强各类专业人员，要完善专业技术人员晋级晋升通道，强化实践锻炼培养，形成人才培养的良性机制。

三是培养一支对专业技术和司法业务都精通的队伍，使技术和业务最大限度地实现融合，系统运转良好畅通。既要注重从具备一定法律知识、了解审判执行业务又精通信息技术的人员中选择优秀人才，充实到信息化管理和技术人才队伍中，又要打通人才交流渠道，鼓励在各类科研院所、知名企业中任职的优秀人才到法院从事信息化工作，还要加强信息化管理，加大技术人才与法院审判执行业务部门的联系，使其了解审判执行业务，熟知法院业务部门的实际需求。

四是加强信息化技术的专门培训。法院信息化工作能否跟得上信息化发展潮流是决定法院信息化发展水平的关键，有必要加强信息化技术的专门培训，用最前沿的理念、最尖端的知识武装法院信息化队伍。

五是借助外脑，建立一支专家咨询队伍。利用社会力量提供信息技术支持，精准进行法院信息化建设，少走或不走弯路。

结　语

法院信息化是关于司法审判、司法人事和司法政务等一系列有关司法工作的系统性工程。司法改革和信息化建设是人民司法事业发展的车之两轮、鸟之双翼。推动人民法院信息化建设既是人民法院深化司法改革的重要内容之一，也是全面深化司法改革的重要引擎和强大动力。最高人民法院高度重视法院信息化的基础性、全局性、战略性作用，将其作为提升司法能力和优化司法体系的重要路径，作为促进审判体系和审判能力现代化的技术支撑，作为提高便民服务水平、实现司法为民目标的重要手段。

前述对中国各级法院信息化建设的分析结果显示，经过多年努力，人民法院信息化在实施、成效、应用等方面进步显著。发展至今，中国法院已经建成以互联互通为特征的人民法院信息化 2.0 版，由全国四级法院编织的信息化网络在国家治理体系中发挥着越来越重要的作用。具体表现包括：各级法院信息化的基础设施建设基本完成，核心应用系统日益成熟，网络建设突飞猛进，已基本实现全覆盖；创新各类便民利民措施，服务能力明显提升，让人民群众少跑路、少花钱、少受累；推进科技法庭、远程视频庭审、电子法院等制度机制，信息化与各项审判业务的良性互动格局初步形成；通过执行信息系统的建设，提升司法执行的能力与震慑力；为法官提供智能服务，实现流程优化再造等，推动审判管理精准化，并有助于动态、全面掌握司法工作态势；以信息化促使司法公开实质化，推动司法改革向纵深迈进；司法大数据集中应用，实现全国司法数据的实时统计、实时更新，治理能力得到提升，法院信息化保障体系机制不断完善；等等。

当前，中国法院正致力于建设具有中国特色的人民法院信息化 3.0 版，针对理念思维、均衡发展、规划实施、应用水平、管理机制、人才队伍等方面不相适应的问题，应从以下方面加以改进：提升观念认识，进一步增强责任感、使命感、紧迫感，强力推进信息化建设转型升级，将信息化作为法院工作的自我革命；做好顶层设计，全面整体统筹推进；把握司法规律，促进信息技术与法院各项业务管理有机融合；突出需求导向，进一步提升服务人民群众、服务审判执行管理的能力；加强队伍建设，做好信息化的专门队伍建设与人才培养。通过上述制度建设和机制措施，最终实现“全面覆盖、移动互联、跨界融合、深度应用、透明便民、安全可控”的目标，更好、更深度、更有效地服务人民群众、服务审判执行、服务司法管理。

附件一　人民法院信息化相关文件目录

序号	文件名称	文件号
1	《最高人民法院关于印发〈全国法院计算机信息网络建设规划〉的通知》	法〔1996〕54号
2	《最高人民法院关于印发〈全国法院计算机信息网络建设管理暂行规定（试行）〉的通知》	法〔1996〕55号
3	《最高人民法院关于印发〈人民法院五年改革纲要〉的通知》	法发〔1999〕28号
4	《最高人民法院关于印发〈人民法院计算机信息网络系统建设管理规定〉和〈人民法院计算机信息网络系统建设规划〉的通知》	法发〔2002〕4号
5	《最高人民法院关于成立最高人民法院信息化建设工作领导小组及其办公室的通知》	法〔2002〕244号
6	《最高人民法院办公厅、司法行政装备管理局印发〈关于便携式计算机使用管理办法（试行）〉的通知》	法办〔2002〕265号
7	《关于调整最高人民法院信息化领导小组及其办公室组成人员的通知》	法政〔2003〕128号
8	《最高人民法院关于印发〈人民法院信息网络系统建设技术规范〉的通知》	法〔2002〕248号
9	《最高人民法院关于印发〈最高人民法院关于人民法院法庭专用设备配置的意见〉》	法发〔2002〕21号
10	《最高人民法院关于印发〈人民法院信息网络系统建设实施方案〉的通知》	法发〔2003〕17号
11	《最高人民法院关于法院系统一级专网建设若干问题的通知》	法〔2003〕105号
12	《最高人民法院印发〈最高人民法院关于法院系统二级专网建设管理若干问题的意见〉的通知》	法〔2004〕105号

续表

序号	文件名称	文件号
13	《最高人民法院办公厅关于印发〈全国法院计算机网络安全保密系统建设指导方案〉的通知》	法办〔2004〕317号
14	《最高人民法院办公厅关于印发〈最高人民法院内部网络信息报送办法〉的通知》	法办〔2004〕334号
15	《最高人民法院办公厅关于印发〈全国法院涉密信息系统安全保密管理暂行规定〉的通知》	法办〔2004〕355号
16	《最高人民法院关于印发〈人民法院专网建设技术方案〉的通知》	法〔2005〕17号
17	《最高人民法院办公厅关于印发〈最高人民法院互联网接入系统使用管理暂行办法（试行）〉的通知》	法办发〔2005〕3号
18	《最高人民法院关于印发〈人民法院一级专网应用系统建设方案〉的通知》	法〔2005〕70号
19	《最高人民法院关于人民法院电子政务建设工程的报告》	法〔2005〕176号
20	《最高人民法院关于印发〈人民法院信息网络系统建设技术方案〉（修订本）的通知》	法〔2005〕79号
21	《最高人民法院关于印发〈人民法院第二个五年改革纲要（2004—2008）〉的通知》	法发〔2005〕18号
22	《关于调整最高人民法院信息化领导小组组成人员的通知》	法政〔2006〕54号
23	《最高人民法院印发〈最高人民法院关于全面加强人民法院信息化工作的决定〉的通知》	法发〔2007〕21号
24	《最高人民法院办公厅印发〈关于贯彻《最高人民法院关于全面加强人民法院信息化工作的决定》的若干意见〉的通知》	法办发〔2007〕6号
25	《最高人民法院关于报送〈国家司法审判信息系统工程（天平工程）〉项目申请的报告》	法〔2007〕76号
26	《最高人民法院办公厅关于印发〈信息化领导小组2007年工作要点〉和信息化领导小组办公室〈关于落实《信息化领导小组2007年工作要点》的分工方案〉的通知》	法办〔2007〕157号

续表

序号	文件名称	文件号
27	《最高人民法院办公厅关于印发〈人民法院信息系统运行维护工作管理办法（试行）〉的通知》	法办发〔2008〕11 号
28	《最高人民法院关于印发〈人民法院非涉密重要信息系统安全等级保护定级工作指导意见〉的通知》	法〔2008〕159 号
29	《最高人民法院司法行政装备管理局关于印发〈人民法院业务专网域名管理规定（试行）〉的通知》	法司〔2008〕71 号
30	《最高人民法院关于印发〈人民法院审判法庭信息化建设技术规范（试行）〉的通知》	法发〔2008〕28 号
31	《最高人民法院办公厅关于最高人民法院在“政法部门网络设施共建和信息资源共享”工程中可提供共享信息内容的报告》	法办〔2008〕561 号
32	《关于调整最高人民法院信息化领导小组组成人员的通知》	法政〔2009〕82 号
33	《最高人民法院关于印发〈人民法院第三个五年改革纲要(2009—2013)〉的通知》	法发〔2009〕14 号
34	《最高人民法院印发〈关于进一步加强和规范执行工作的若干意见〉的通知》	法发〔2009〕43 号
35	《最高人民法院印发〈关于进一步加强司法便民工作的若干意见〉的通知》	法发〔2009〕6 号
36	《最高人民法院印发〈关于进一步加强司法统计工作的意见〉的通知》	法发〔2009〕55 号
37	《最高人民法院印发〈关于深入贯彻落实全国政法工作电视电话会议精神的意见〉的通知》	法发〔2009〕59 号
38	《最高人民法院印发〈关于司法公开的六项规定〉和〈关于人民法院接受新闻媒体舆论监督的若干规定〉的通知》	法发〔2009〕58 号
39	《关于印发〈关于建立和完善执行联动机制若干问题的意见〉的通知》	法发〔2010〕15 号
40	《最高人民法院　中央社会治安综合治理委员会办公室关于印发〈2009 年省、自治区、直辖市法院执行工作纳入社会治安综合治理目标责任考核办法〉的通知》	法发〔2010〕2 号

续表

序号	文件名称	文件号
41	《最高人民法院办公厅关于印发〈最高人民法院网站管理办法（试行）〉、〈最高人民法院网站信息发布工作细则（试行）〉、〈最高人民法院网站信息管理员管理办法（试行）〉的通知》	法办发〔2010〕3 号
42	《最高人民法院关于做好涉及网吧著作权纠纷案件审判工作的通知》	法发〔2010〕50 号
43	《最高人民法院印发〈关于加强和改进人民法院督促检查工作的若干意见〉的通知》	法发〔2010〕44 号
44	《最高人民法院办公厅关于进一步加强最高人民法院网信息管理工作的通知》	法办〔2010〕54 号
45	《最高人民法院印发〈关于加强基层人民法院审判质量管理工作的指导意见〉的通知》	法发〔2010〕56 号
46	《最高人民法院印发〈关于庭审活动录音录像的若干规定〉的通知》	法发〔2010〕33 号
47	《最高人民法院关于“天平工程”一期项目建设有关问题的通知》	法〔2010〕36 号
48	《最高人民法院关于印发〈人民法院信息系统建设技术规范〉（2009 年修订本）的通知》	法〔2010〕38 号
49	《最高人民法院办公厅关于开发一级网案件信息共享与交换系统的通知》	法办〔2010〕593 号
50	《最高人民法院印发〈关于加强人民法院审判管理工作的若干意见〉的通知》	法发〔2011〕2 号
51	《最高人民法院印发〈关于进一步加强新形势下人民法院基层基础建设的若干意见〉的通知》	法发〔2011〕4 号
52	《最高人民法院印发〈关于人民法院加强法律实施工作的意见〉的通知》	法发〔2011〕11 号
53	《最高人民法院办公厅关于印发〈人民法院审判法庭信息化基本要求〉的通知》	法办发〔2011〕18 号
54	《最高人民法院办公厅关于印发〈关于进一步加强全国法院办公网络安全保密管理工作的意见〉的通知》	法办〔2011〕89 号

续表

序号	文件名称	文件号
55	《最高人民法院印发〈关于充分发挥审判职能作用为深化科技体制改革和加快国家创新体系建设提供司法保障的意见〉的通知》	法发〔2012〕15 号
56	《最高人民法院印发〈关于加强司法建议工作的意见〉的通知》	法〔2012〕74 号
57	《最高人民法院关于印发〈人民法院远程视频讯问室建设技术规范〉的通知》	法〔2013〕48 号
58	《最高人民法院关于人民法院在互联网公布裁判文书的规定》	法释〔2013〕26 号
59	《最高人民法院办公厅关于印发〈人民法院知识产权裁判文书上网公布暂行办法〉的通知》	法办〔2013〕102 号
60	《最高人民法院关于印发〈人民法院信息化建设五年发展规划（2013—2017）〉的通知》	法〔2013〕235 号
61	《最高人民法院关于充分发挥审判职能作用　推动国家新型城镇化发展的意见》	法发〔2014〕20 号
62	《最高人民法院印发〈关于加强人民法院领导干部调研工作的规定〉的通知》	法发〔2014〕10 号
63	《最高人民法院印发〈关于人民法院执行流程公开的若干意见〉的通知》	法发〔2014〕18 号
64	《最高人民法院关于进一步加强新形势下人民法庭工作的若干意见》	法发〔2014〕21 号
65	《最高人民法院关于全面推进人民法院诉讼服务中心建设的指导意见》	法发〔2014〕23 号
66	《最高人民法院印发〈关于执行案件立案、结案若干问题的意见〉的通知》	法发〔2014〕26 号
67	《最高人民法院关于依法平等保护非公有制经济促进非公有制经济健康发展的意见》	法发〔2014〕27 号
68	《最高人民法院关于印发〈最高人民法院远程视频接访规则〉的通知》	法〔2014〕86 号
69	《最高人民法院关于进一步加强人民法院信息工作的意见》	法〔2014〕164 号

续表

序号	文件名称	文件号
70	《最高人民法院关于进一步做好司法便民利民工作的意见》	法〔2014〕293 号
71	《最高人民法院关于全面深化人民法院改革的意见——人民法院第四个五年改革纲要（2014—2018）》	法发〔2015〕3 号
72	《关于人民法院推行立案登记制改革的意见》	法发〔2015〕6 号
73	《最高人民法院关于人民法院为“一带一路”建设提供司法服务和保障的若干意见》	法发〔2015〕9 号
74	《最高人民法院关于印发〈人民法院落实《司法机关内部人员过问案件的记录和责任追究规定》的实施办法〉的通知》	法发〔2015〕11 号
75	《最高人民法院关于充分发挥审判职能作用切实维护公共安全的若干意见》	法发〔2015〕12 号
76	《最高人民法院关于印发〈2015—2019 年全国法院教育培训规划〉的通知》	法〔2015〕77 号
77	《最高人民法院印发〈《关于案例指导工作的规定》实施细则〉的通知》	法〔2015〕130 号
78	《最高人民法院关于印发〈人民法院信息化建设五年发展规划（2016—2020）〉的通知》	法〔2016〕66 号
79	《最高人民法院办公厅关于印发〈最高人民法院信息化建设五年发展规划（2016—2020）〉的通知》	法办〔2016〕34 号

附件二　人民法院信息化建设五年发展规划（2016—2020）

目　　录

党的十八大以来，全国各级法院深入学习贯彻习近平总书记系列重要讲话精神，紧紧围绕“四个全面”战略布局，以促进审判体系和审判能力现代化为目标，坚持服务人民群众、服务审判执行、服务司法管理，下大力气推进信息化建设，在基础设施、应用系统、数据资源和安全保障建设方面取得重大进展，为深化司法为民、提升审判质效、规范司法管理提供了有力支撑。实践证明，人民法院信息化有助于全面推进国家法制建设，有助于巩固深化司法改革成果，有助于不断增强人民法院的司法公信力，有助于支持促进经济转型升级，有助于丰富完善社会信用体系，有助于提升中国在全球政治、经济治理中的影响力。

当此国民经济和社会发展第十二个五年规划已经胜利完成，第十三个五年规划即将全面启动，党中央依法治国战略赋予了人民法院崇高神圣的重大使命，深化司法改革为人民法院发展增添了十分强劲的推动力量，新一轮全球科技革命为人民法院信息化建设提供了扎实丰厚的技术基础，人民群众日益增长的司法需求对法院工作提出了前所未有的多元化要求。为顺应形势、抓住机遇，在五年发展规划期间更好地统筹和指导全国各级法院信息化建设、进一步推动转型升级，促进审判体系和审判能力现代化，依据《中共中央关于制定国民经济和社会发展第十三个五年规划的建议》《最高人民法院关于全面深化人民法院改革的意见》《“十三五”国家政务信息化工程建设规划》等文件精神，制定本规划。

一　发展现状

“十二五”期间，特别是党的十八大以来，在最高人民法院的强力推动下，各级法院高度重视、主动作为，依托“天平工程”等建设项目，促进了信息化工作蓬勃发展，基本建成以互联互通为主要特征的人民法院信息化2.0版。

（一）系统建设现状

人民法院信息系统已如一棵茁壮成长的常青之树（见附图1）：以办公内网、法院专网、外部专网、互联网和涉密内网为纽带，形成了网内互联互通、类型较为齐全的信息基础设施；十类业务应用遍及各地法院，为司法服务、审判执行和司法管理提供了直接支持；以审判执行为主体、包括司法人事和司法政务信息的三类信息资源粗具规模，数据集中管理实现突破，为构建以数据为中心的人民法院信息化3.0版奠定了良好的发展基础。

1. 以五大网系为纽带的信息基础设施覆盖全国法院

基于办公网和法院专网的各类基础设施成为法院信

息化的主要支撑。全国所有法院建成办公网并接入法院专网，网络设备、计算设备、存储设备、系统软件等网络基础环境建设基本完善，视频会议系统实现全面覆盖，科技法庭、远程提讯、远程接访等系统基本覆盖全国法院，部分法院建成标准化机房和数字化会议系统；21个高级法院建成执行指挥中心，17个高级法院建成信息管理中心。

互联网接入及服务设施全面支撑各级法院服务人民群众。全国所有法院实现互联网接入，建成或接入上级法院政务网站、司法公开等互联网发布、公开平台，少数地区互联网应用已经迁移到公有云，支撑互联网应用及其移动应用蓬勃发展。

外部专网成为与相关部门信息共享和业务协同的重要渠道。最高人民法院与中央政法委、中央纪委、国管局、国资委、财政部、最高人民检察院和公安部等单位建立点对点连接，与20多家银行金融机构和航空、铁路等部门建立总对总连接；23个高级法院利用专线或本地政务网络建立与相关部门的点对点或总对总连接，初步满足信息报送、信息共享、执行查控和信用惩戒等业务协同需要。

涉密内网建设开始起步。略。

2. 以案件信息管理为核心的业务应用全方位延伸拓展

司法公开三大平台和“三位一体”诉讼服务等司法为民应用系统不断丰富。各级法院全方位推进司法公开，高级法院均已建成辖区统一的审判流程信息公开平台并与中国审判流程信息公开网链接，最高人民法院建成各级法院共同使用的裁判文书公开平台和执行信息公开平台；部分法院建成诉讼服务大厅、诉讼服务网和 12368 诉讼服务热线“三位一体”的诉讼服务中心和律师服务平台，支持当事人、律师在线参与诉讼；各级法院丰富网站、微博、微信和手机电视等新媒体和移动服务渠道。

审判执行应用系统全面覆盖核心业务流程。99% 的法院建成案件信息管理系统，实现对审判工作重要环节的信息化支持和管理；全国法院执行信息管理系统建成，多数高级法院和部分中基层法院建成执行指挥、执行查控和信用惩戒系统；各级法院建成远程视频接访系统和信访管理系统，部分法院建成网上申诉信访系统；国家图书馆人民法院分馆、中国法律知识总库、公文交换系统等已在法院专网部署并应用于四级法院；文书校对、风险评估、案例指导、量刑参考等审判支持系统不断丰富。部分地区已探索使用移动办公办案系统。

人事管理和行政办公等司法管理应用系统自上而下稳步推进。90%以上的法院建成人事管理系统，50%以上的法院建成行政办公系统和内部网站；司法改革试点地区开始探索建设支撑人财物统一管理、人民陪审员管理和法官遴选等工作的信息系统。

3. 以案件信息为主的数据集中管理工作实现重大突破

数据集中管理平台实现全国法院案件信息全覆盖。建成人民法院数据集中管理平台，实现全国3512个法院全部案件数据的集中管理和部分法院人事数据的融合；数据传输、更新和维护机制基本建立，94.7%的法院实现案件数据实时报送，80%法院的立案、分案、开庭、流程转换、结案等信息已实现实时更新，近70%法院的裁判文书信息已实现每日更新。

基于法院专网实现法院案件信息传输和交换。高级以上法院已经建设数据传输交换系统，各省采用多种技术手段实现本辖区中基层法院的数据上传和交换，实现全国法院案件信息向最高人民法院的逐级汇总。

司法数据专题分析和服务初见成效。初步开展对全国法院审判数据的整合、挖掘，提供司法统计、审判质效、专项分析、信息搜索等分析服务；探索对社会热点、关注类案进行深度分析，用于预判苗头性、倾向性问题；部分高级法院已开始分析利用审判信息为当地党委政府提供决策支持服务。

（二）保障体系建设现状

以安全、运维和人才为重点的人民法院信息化保障建设稳步推进，为信息系统建设和应用提供了有力支撑。

1. 以信息系统等级保护为先导的安全保障工作逐步开展

略。

2. 以基础设施和应用为重点的运维保障体系基本形成

外包服务已经成为基础设施运维的主要模式。各级法院每年运维经费投入约1.68亿元，常驻运维外包技术人员达1400余人；70%的高级法院开展较为规范的基础设施运维，60%的高级法院开展应用运维。

运维工作向数据运维和安全运维延伸。50%的高级法院采用自行或外包方式开展数据运维，北京等少数法院采用外包方式开展安全运维。

可视化运维成为管控信息系统运行状况的有效手段。50%的高级法院实现对基础设施的可视化运维，通过对各类设备动态监控，提前发现问题、解决问题，保障信息系统稳定运行。

3. 信息化专业人才队伍在宝贵实践中不断成长和健全

信息技术机构为信息化建设提供基本组织保障。各级法院均成立了信息化建设领导小组，最高人民法院成立信息中心，高级法院均已设置信息技术机构，部分中基层法院设置了专门机构或在办公室等部门配置了专业技术人员。

信息化人才队伍成为司法辅助队伍的重要组成部分。2015 年 6 月最高人民法院下达《关于人民法院信息化人才队伍建设的意见》，明确要求信息化人才应纳入司法辅助队伍，并对机构和专业结构配置提出了要求。

形成一支约 7200 人的专业技术队伍。各级法院形成由 5300 多名在编人员和 1900 多名聘用人员组成的专业技术队伍，并通过技术培训、异地交流、专项讲座、专题研讨、专题调研等多种方式不断提高技术人才的业务素质。

（三）信息化应用成效现状

人民法院信息化在推动司法公开、深化司法为民、提升审判质效、规范司法管理等方面取得显著成效，赢得了党中央、中央政法委、法院干警和广大人民群众的充分肯定。

1. 服务人民群众赢得良好社会反响

拓展司法公开的深度和广度。依托司法公开三大平台和人民法院新媒体，全国法院统筹谋划，同步推进司法公开，基本满足人民群众多元化司法需求，保障了人民群众知情权、参与权、表达权、监督权，让人民群众掌握更加真实、对称的信息，切实感受到能公开的信息都已公开，感受到法官居中裁判，初步实现办案社会效果和法律效果的有机统一。

开辟司法为民的领域和窗口。依托诉讼服务大厅、诉讼服务网和12368诉讼服务热线“三位一体”诉讼服务平台等，提供网上立案、电子送达、庭审直播、文书查询、诉讼档案查询等交互式、全方位、立体化诉讼服务，实现重要信息主动告知、即时查询和有问必复，初步形成线上线下、庭上庭下多样化司法服务能力，让人民群众少跑路、少花钱、少受累，使司法更加贴近人民群众。

创新公众沟通的方式和渠道。利用政务网站、手机

APP、微博、微信、微视等新媒体即时互动、受众广泛的优势，建立便捷沟通渠道，使当事人和法院之间实现即时互动，按需获取信息，随时参与沟通；实现以案释法，传播法治文化，弘扬法治精神，发挥司法对社会的教育、引导和规制作用；同时，自觉接受社会各界监督，倒逼审判人员加强能力建设，提升审判质量。

2. 服务审判执行促进审判质效提升

化解司法需求和司法能力之间的矛盾。依托案件信息管理系统，实现审判活动主要流程节点信息的网上流转和卷宗的数字化管理，促进了审判工作程序化；依托审判支持系统，为法官提供法规查询、案例指导、量刑参考、一键排版、智能纠错等审判支持服务，使法官办案更加方便、高效；依托电子签章、远程庭审等系统，减轻了群众往来奔波之苦，降低了诉讼和司法成本。

全程留痕和监督保障严格司法。依靠信息技术全程留痕、动态跟踪的特点和优势，对办案期限进行预警，对办案程序进行监控，对办案风险进行评估，对庭审行为进行巡查，实现对审判权、执行权运行中重要环节、重要节点、重要岗位、重要人员的监督制约，对主要司法行为的动态监督管理，防止司法权滥用，使违法办案无处藏身，对规范司法权力、促进公正司法、提升司法公信力起到积极推动作用。

推动审判流程再造和业务创新。形成四级法院上下一体、内外联动的执行指挥体系，加大失信被执行人曝光力度、财产查控力度、信用惩戒力度，促使失信被执行人慑于联合信用惩戒的威力而履行法院判决；四级法院远程视频联动接访，对减少涉诉进京访、破解信访难题发挥了积极作用；吉林等法院创新“互联网+”诉讼服务，让人民群众通过线上交互参与司法活动，网上办理立案、缴费、证据交换、阅卷，甚至开庭等诉讼全流程业务。

3. 服务司法管理展现良好发展前景

让实时、动态掌握全国法院审判态势成为可能。人民法院数据集中管理平台汇聚全国法院近四年6300万件案件数据和3400万件裁判文书，并以日均5万—6万件的案件数量递增。以此为基础，开展收结存、审判质效、热点问题、特定类型案件等分析，全面反映人民法院审判动态和审判质效。

为法官办案提供服务更智能。依托大数据资源，为法官查询、参考同类案件提供支撑，确保准确查明真相，正确适用法律，减少司法裁判和司法决策形成过程的不确定性和主观性，促进统一裁判标准；为辅助分案、阶段性专项、案由调整、专业合议庭等动态管理提供支撑，提升司法业务管理质效和水平；有的法院还将人事信息和审判信息融合，实时掌握法官办案情况，对法官进行个性化绩效考评，提升司法人事管理效能，促进法官实现自我约束、自我评估、自我管理。

助力司法改革和业务创新。利用人口库、律师库等外部信息资源，解决诉讼服务实践中身份认证等问题；将分散的数据集中起来，通过对全数据进行分析，捕捉人民群众司法需求，研判审判运行态势，为调整优化司法政策和措施提供依据；整合线上线下资源，推进审判方式的变革，使信息化成为先进的生产力。

（四）主要问题分析

随着信息化建设不断深入、应用不断推广，人民法院信息化工作一些深层次的问题也逐渐显现。

1. 信息化建设整体规划和顶层设计相对缺乏

发展规划对信息化建设的指导作用相对薄弱；“天平工程”建设方案与实施存在脱节情况；信息化建设亟须

统一的技术标准；缺乏较为成熟的信息化建设效能评估指标体系；信息化建设亟待有针对性的核心技术和关键技术预先研究支撑；尚未形成全面完整的信息化建设管理运行机制；电子送达等应用还缺乏相关法律支撑。

2. 基础设施面临各类应用快速发展带来的挑战

法院专网尚未实现派出人民法庭“最后一公里”全面覆盖；各地专网不同程度存在网络带宽不足问题；计算和存储设备难以满足日益增长的法院业务需求；音视频系统互通共享困难；外部专网与相关部门互连还存在空白；互联网计算、存储和网络设备自建自管难度越来越大；移动专网尚未形成规模；网间信息交换效率低、难以充分支持业务协同。

3. 应用系统整合力度和业务支持能力亟待加强

众多应用系统亟须进行功能综合和信息集成以支持融合共享，法院内部工作平台与外部服务应用之间尚未实现高效协同，诉讼服务缺乏统一入口和服务整合；案件信息管理系统尚未全面满足《最高人民法院关于全面深化人民法院改革的意见》对审判执行工作的相关要求，对上下级法院、跨辖区法院、法院同相关政法部门之间业务协作支持能力不足；法院专网全网业务应用和审判支持系统服务法官辅助办案能力仍很欠缺，没有为破解基层法院案多人少的局面提供有力支撑；移动办公办案、电子公文交换和档案管理能力亟待提高；传统人事管理系统难以充分满足司法改革对人财物统一管理、法官员额动态调节等需求；行政事务管理应用系统建设发展不均衡，不少法院仍存空白。

4. 信息资源集中管理与服务存在诸多薄弱环节

各高级法院数据集中范围参差不齐，司法审判信息资源库尚未汇集司法政务、司法研究、信息化管理数据以及与司法审判相关的外部数据；已集中案件数据质量仍需着力提高；上下级法院之间、法院和其他单位之间、不同网络之间的数据共享交换体系尚未全面建立；大数据分析智能化水平不高，尚不能为群众诉讼、公众普法，司法资源调配、社会管理和公共服务提供全方位、高水平的智能分析服务。

5. 保障体系建设相对滞后问题更加凸显

各级法院信息安全保障体制机制亟待与时俱进，各类业务应用还缺乏统一身份认证机制；运维保障组织架构和服务模式还不完善，尚未形成对信息系统的统一管控能力，数据运维和安全运维仍未全面开展；信息化人才队伍保障能力亟待提高。

6. 信息化应用成效仍存在很大提升空间

阳光司法影响力尚未达到应有程度，司法公开三大平台应用广泛性和群众满意度还需着力提升，诉讼服务对各类参与人“一站式”支持能力尚有欠缺；审判执行应用在“可用”基础上距“易用”尤其是“好用”还有很大差距，部分应用系统一定程度上加重了法官负担，数据集中和统计完整性、准确性和及时性还不满足广大法院干警要求；行政事务管理应用还不能适应各类业务部门需要；法院信息化建设成果推广应用渠道分散、覆盖范围不广、针对性较欠缺；“重建设、轻应用”的意识仍较普遍，缺少评价信息化建设成效的思路和手段，尚未建立有效的应用成效评估、通报和改进机制。

二 发展需求

新时期人民法院信息化建设面临十分难得的发展机遇和前所未有的迫切需求。

信息化服务依法治国战略的使命更加重大。党的十八届四中全会提出“构建开放、动态、透明、便民的阳光司法机制”。信息化既是加强司法管理、提升司法效能的重要支撑，也是深化司法公开、提升司法公信力的必然选择，要求各级法院从全面推进依法治国的大视野审视信息化建设，将信息化贯穿人民法院全业务、全方位和全流程，以信息化引领人民法院工作现代化。

信息化服务人民群众司法需求的任务更加迫切。信息技术迅猛发展，人民群众的司法需求呈现新特点，对知情全面性、沟通距离感、互动即时性，都提出了新的要求，要求各级法院以满足人民群众多元司法需求的大情怀着眼信息化建设，积极回应群众关切，拓展司法为民新渠道，深化司法公开新举措。

信息化服务法院司法改革的职责更加繁重。《最高人民法院关于全面深化人民法院改革的意见》明确了 7 个方面65项司法改革举措，其中35项直接依赖于信息技术手段。推动人民法院信息化建设既是人民法院深化司法改革的基本内容之一，也是全面深化司法改革的重要引擎和强大动力，要求各级法院从全面深化司法改革的大格局谋划信息化建设，充分运用现代信息技术破解法院工作面临的现实问题和发展难题。

信息化服务法院科学发展的机遇更加难得。党的十八届五中全会提出实施“网络强国战略、‘互联网+’行动计划和国家大数据战略”。现代信息技术不断渗透和影响法院工作的方方面面，在始终坚持司法工作规律的前提下，转型升级是大势所趋，要求各级法院用抢抓时代发展机遇的大思维推动信息化建设，坚持创新驱动，掌握科技先机，促进新兴信息技术与法院工作深度融合，为推动人民法院信息化全面转型升级提供不竭力量。

（一）业务发展需求

1. 需要满足人民群众多元化司法需求

需要进一步拓展司法公开广度和深度，让人民群众切实感受到能公开的信息都已公开；需要为诉讼参与人提供全流程、一体化诉讼服务，减少人民群众讼累，降低诉讼成本；需要建立更加便捷的沟通渠道，更好地接受社会各界监督，使人民群众和法院之间互动更加及时、全面。

2. 需要提升审判质效

根据《最高人民法院关于全面深化人民法院改革的意见》要求，审判业务需要全面实现网上办理，实现全程留痕和实时动态监控，通过案例参考等方式辅助法官提高裁判文书说理水平，并满足法官外出办案需要；执行业务需要加强流程节点管理，完善执行查控体系和失信被执行人惩戒机制，构建上下一体、内外联动、规范高效的执行体系；信访业务需要健全涉诉信访终结机制和建立就地接访督导机制，实现四级法院统一管理；需要为一线办案法官提高工作效率提供支撑。

3. 需要提高司法管理科学性

需要分析审判执行工作的运行态势、特点和规律，为社会治理和经济社会发展提供立法建议、司法建议和决策参考；推进行政事务管理机制改进和各省法院经费统一管理机制改革；推进法院人员的正规化、专业化、职业化建设，建立健全法院人员分类管理、法官员额管理、法官选任管理和法官业绩评价体系，实现法官工作动态管理和全方位监督评价；推进全国法院诉讼档案网上统一调阅和移送，提升诉讼档案管理水平；建立健全信息化采购管理、项目管理和资产管理等机制，提高信息化综合管理水平。

（二）顶层设计需求

针对人民法院信息化建设最为薄弱的顶层设计环节，应该充分发挥发展规划的引领作用，从人民法院信息化建设业务需求（见附图2）的源头出发，加强各项顶层设计工作。需要制定切实可行的五年发展规划，并逐年评估修订，以统筹辖区法院信息化建设；根据五年发展规划对辖区法院信息化建设进行总体设计，明确建设需求和技术方案，协调项目开发；尽快整合各地现有标准，健全标准化管理制度和工作机制，建立健全人民法院信息化标准体系（见附图3）；建立覆盖全国法院主要业务范围，并在实践中不断修正完善的信息化应用成效评价指标体系；针对影响审判管理和审判能力的核心技术开展预先研究和技术攻关，支撑法院信息化建设快速发展；建立覆盖全国法院信息化建设和应用主要业务领域、工作过程和资产要素的管理机制。对支持电子送达等应用的法律法规修改提出立法建议。

（三）系统建设需求

针对人民法院信息化不断增长的业务需求和日益提高的性能要求，应进一步完善信息基础设施，拓展各类业务应用，加强数据管理和服务。

1. 信息基础设施建设需求

需要完善和优化五大网系，新建移动专网，构建以法院专网、移动专网、外部专网、互联网和涉密内网组成的五大网系，并通过网系整合建设人民法院专有云、开放云和涉密云，集成各类诉讼服务、审判执行和司法管理重点设施，构建一体化信息基础设施（见附图4）。

（1）以法院专网及相关重点设施为基础构建法院专有云

需要根据各类数据和音视频应用需求，优化技术架构，扩大专网覆盖范围，提高专网功能性能，支持业务灵活部署；加强信息管理中心建设，实现信息统一调度和管理；规范诉讼服务大厅建设，实现多功能“一站式”诉讼服务；建设音视频综合管理调度平台，管理各种业务视频的接入和展现；推进科技法庭建设，满足每庭必录、每审必查要求；建设数据备份系统保障数据安全；按照标准化要求改造、新建或租用机房；建设适应信息时代要求的数字化会议系统；建设移动专网，为移动办公、巡回审判和派出执行等外出移动业务提供支撑；拓展和完善外部专网连接，为部门间信息交换、信息共享和业务协同提供支撑。

（2）通过社会化服务构建法院开放云

需要针对各级法院互联网业务不断增加对计算、存储、网络等资源提出的更高要求，尽可能利用社会资源，通过租用互联网公有云，构建法院开放云，实现业务灵活开展、资源弹性伸缩、成本按需可控、系统稳定运行，全面提升法院互联网业务支持能力。有条件时尽最大可能利用国家电子政务外网支持司法公开业务。

（3）利用国家电子政务内网建设法院涉密云

略。

2. 应用建设需求

需要大力整合现有应用，覆盖全业务，贯通全流程，为人民群众和法院干警提供“一站式”综合服务平台（见附图5）。

（1）丰富和整合司法便民应用以满足人民群众多元司法需求

需要改造司法公开平台，完善信息查询、案件关联等功能；构建全流程诉讼服务平台，为人民群众提供全流程、“一站式”诉讼服务；建设全国统一的12368诉讼服务系统，提供语音和短信诉讼服务；整合政务网站，丰富新媒体和移动应用，建立更加便捷的沟通渠道，使司法公开和诉讼全面覆盖全国法院和人民群众。

（2）融合和完善审判执行应用以满足提升审判质效的需求

需要立足现有各类应用，大力促进审判、执行、信访及其与司法服务应用的融合；同时，根据司法改革要求、遵循《人民法院信息化标准（2015）》，升级完善审判业务系统，强化审判流程节点管控，加强诉讼档案管理，改进案件质量评估，完善审判支撑，自动生成司法统计数据，支撑上下级法院、跨辖区法院和政法部门间业务协作；推进执行案件流程信息和文书公开，拓宽失信被执行人名单制度的联合惩戒范围，推行网络司法拍卖模式；完善远程接访和信访管理系统，实现全国法院信访工作统一管理；将办公办案业务拓展到移动终端。

（3）拓展和加强司法管理应用满足提高政务管理科学性的需求

需要建设贯通四级法院的专网网站，实现信息上传下达和横向交互；完善人事管理系统，满足人员分类管理、法官业绩评价等司法改革要求；完善司法政务管理系统，覆盖行政事务、档案管理、司法研究、司法辅助等业务领域，并与人事系统融合，满足省以下地方法院人财物统一管理的要求。

3. 数据管理和服务建设需求

需要以人民法院数据集中管理平台为基础，集中信息资源，强化交换能力，提升智能化服务水平。

（1）扩展数据集中范围并完善司法审判信息资源库

需要针对数据集中范围不完整、质量不高的问题，整合全国法院审判执行、司法人事、司法政务、司法研究、信息化管理等各类数据，引入外部相关数据资源，实现对全国法院司法信息资源的全覆盖（见附图6）；加强数据治理，在数据管理和使用层面之上进行规划、监督和控制；加强数据开发、安全、质量和元数据管理，保证全国法院数据一致性和准确性，实现集中数据可信可用。

（2）构建共享交换体系以支持数据整合互通

需要针对数据纵向不连通、横向不共享的问题，建立统一共享交换机制，实现跨系统、跨部门、跨区域、跨层级、跨网系间的数据共享；针对已建设的系统之间数据关联程度不高的问题，通过“人、案、物”的主线建立司法审判数据之间的关联，实现数据的融合。

（3）建立大数据分析系统并开发各类智能化服务

需要构建大数据分析系统，实现对全国法院司法信息资源的多元检索和深入分析，支持及时、准确、动态的智能化服务（见附图7）；以此为基础，为人民群众提供司法公开和诉讼智能服务，为审判执行提供决策支持和监控预警智能服务，为司法管理提供司法研究和工作评估智能服务。

（四）保障体系需求

需要针对人民法院信息化建设快速发展的形势和要求，加强安全、运维和人才队伍保障体系建设。

1. 加强安全体系建设，提高安全保护水平

略。

2. 加强运维保障能力，全面提升运维质效

需要参照国内外相关运维标准，结合法院实际，建立质效型运维管理体系（见附图8）；实现基础设施、应用系统、数据管理和信息安全动态监控覆盖100%；改变以设备完好性为目标的应急式运维管理模式，通过建立运维可视化平台，实现信息系统动态监控、故障预防和效能评估等功能，全面提升运维质效；建立信息系统应急处理平台和应急保障机制，提高处置突发事件的应急保障能力。

3. 加快人才队伍建设，全力提供智力支持

需要健全信息化组织保障机制，进一步发挥各级人民法院信息化领导小组作用，加大统筹协调指导力度；需要建立专家咨询队伍，利用社会力量提供技术支持；建立科学的专业分类体系，形成专业化管理和技术人才队伍，配齐配强各类专业人员；进一步完善专业技术人员晋级晋升通道，强化实践锻炼培养，形成人才培养的良性机制；在加快信息化建设的同时，确保风清气正、健康发展。

（五）应用成效提升需求

需要切实改变“重建设、轻应用”的观念和局面，把提升应用成效作为信息化工作的一项重要任务，建立运行有效的应用成效评估、通报和改进机制并建设相应支撑系统，使应用成效的提升真正做到可视化、定量化、可评估、可考核；建立对法院信息化成果的宣传和培训机制，逐步树立法院信息化的品牌形象，提高人民群众的认知度和满意度，提升法官和各级法院工作人员的信息化应用水平，持续推动法院信息化应用成效的提升。

三　指导思想、发展思路和建设目标

（一）指导思想

贯彻“创新、协调、绿色、开放、共享”发展理念，紧紧围绕全面依法治国战略部署，以促进审判体系和审判能力现代化为目标，坚持服务人民群众、服务审判执行、服务司法管理，加强顶层设计，加快系统建设，强化保障体系，提升应用成效，按照总体建成和深化完善分步跃升途径，打造全面覆盖、移动互联、跨界融合、深度应用、透明便民、安全可控的人民法院信息化3.0版，为人民法院现代化提供坚实的信息科技保障。

（二）发展思路

实施“13462”总体思路，推进人民法院信息化建设转型升级。

1. 围绕“一个目标”

以促进审判体系和审判能力现代化为目标，建成人民法院信息化3.0版（见附图9和附图10），形成支持全业务网络办理，全流程审判执行要素依法公开，面向法官、诉讼参与人、社会公众和政务部门提供全方位智能服务的智慧法院。

2. 坚持“三个服务”

始终以满足司法需求、服务用户对象作为信息化建设的根本出发点。

坚持服务人民群众。以“构建开放、动态、透明、便民的阳光司法机制”为遵循，以“互联网+”行动计划益民服务要求为驱动，通过司法公开、诉讼服务、法制宣传、监督建议等信息化渠道，为广大人民群众主动提供“司法公开日常化、诉讼服务一体化、法制宣传多样化”的司法服务，不断满足人民群众日益增长的多元司法需求。

坚持服务审判执行。以提升审判质效、保障公正司法为目的，通过审判业务、执行业务、申诉信访、审判管理和审判支持等信息化建设，为广大干警提供“使用便捷化、业务协同化、服务智能化”的审判执行应用，促进提升审判执行和审判支持服务能力。

坚持服务司法管理。以“大数据、大格局、大服务”理念为指导，积极将信息化运用拓展到行政事务、档案管理、人事管理、纪检监察、财务管理和后勤装备等管理领域，为各级领导及内外部管理部门提供“数据集中化、流程可视化、管理精细化”的辅助管理手段，切实提高司法决策和管理科学化水平。

3. 着力“四个方面”

把握信息化建设客观规律，着力按照既分工明确又互为支撑的四个方面推进人民法院信息化建设体系发展。

加强顶层设计。针对人民法院信息化建设统筹规划和顶层设计较为薄弱的普遍问题，加强人民法院信息化建设发展规划、总体技术方案、技术标准、评价指标体系、管理机制和科技创新等顶层设计工作，为信息化建设提供科学的指导依据。

加快系统建设。在人民法院信息化建设蓬勃发展、已经取得斐然成绩的基础上，进一步拓展信息基础设施、拓宽业务应用、开拓信息资源服务、加强各系统建设之间的整合，为广大人民群众和法院干警提供丰富、完善的信息化应用支撑。

强化保障体系。适应人民法院信息化建设转型升级对保障工作的迫切需求，调整、充实、健全、完善信息安全、运行维护和人才队伍的组织体制、管理机制和技术手段等保障要素，为各类信息系统开发建设、运行使用、资源积累和效能提升提供坚强的支撑保障。

提升应用成效。切实转变信息化建设“重建设、轻应用”的习惯性思维，将人民法院信息系统服务人民群众、服务审判执行、服务司法管理的应用成效收集、分析和评估作为衡量信息化建设、改进信息系统的重要依据，使人民法院信息化应用成效持续提升、用户满意度不断提高。

4. 突出“六个特征”

结合人民法院现代化建设要求和新兴信息技术发展趋势，突出体现人民法院信息化建设的时代特征。

全面覆盖。充分运用先进网络和云计算等技术，实现全国四级法院网络联通全覆盖，司法审判、司法人事、司法政务业务与流程全覆盖，各类司法信息资源全覆盖，诉讼当事人、社会公众和相关政务部门多元化司法需求全覆盖。

移动互联。充分运用移动互联技术，积极拓展面向公众的移动应用，随时随地为当事人、律师和社会公众提供司法公开和诉讼服务。推进巡回审判、执行或送达、人民法庭专网接入等移动应用，按照信息安全要求稳步推进办公办案等移动终端应用，最大限度为法官办公办案提供便利。

跨界融合。充分运用云计算、共享交换等技术，有效整合与拓展各类基础设施、应用系统和信息资源，既实现人民法院内部各领域的融会贯通，又实现人民法院与外部相关部门之间网络、信息和业务的横向融合。

深度应用。充分运用大数据、云计算、未来网络、人工智能等技术和人民法院丰富的司法信息资源，分析把握新形势下审判执行工作的运行态势、特点和规律，为法院自身建设、国家和社会治理提供不断深化的信息决策服务。

透明便民。充分运用互联网技术，以司法公开三大平台为基础，进一步拓展司法公开的广度和深度，提升司法公信力；创新司法便民利民举措，为诉讼当事人提供形式多样、方便快捷、更加人性化的线上线下诉讼服务。

安全可控。充分运用先进的信息安全技术，提高广大干警的信息安全意识，完善信息安全保障机制，落实等级保护和分级保护要求，提高基础信息网络和重要信息系统的安全风险防控能力，确保信息安全与信息化建设同步发展。

5. 实现“两步跃升”

立足全国法院实际发展情况，实现人民法院信息化建设3.0版从“总体建成”到“深化完善”两步跃升。

第一步跃升，到2017年年底总体建成人民法院信息化3.0版。代表世界法院信息化先进水平、具有中国特色的人民法院信息化总体架构覆盖全国法院，体现六个特征的网络基础设施、业务应用系统、信息资源管理与服务系统建设和应用在全国部分地区率先示范，三个服务应用成效大幅度提升。

第二步跃升，到2020年年底人民法院信息化3.0版在全国法院深化完善。总体架构在运行和应用中不断优化，体现六个特征的网络基础设施、业务应用系统、信息资源管理与服务系统建设和应用覆盖全国各级法院，全国法院三个服务应用成效全面提升。

（三）建设目标

到2017年年底，基于科学、合理、可行的人民法院信息化顶层设计，全国法院总体建成以数据管理平台为中心，以专有云和开放云为支撑，以五大网系为纽带，以二十三类应用为重点，以安全、运维和人才队伍为保障的人民法院信息化系统。高级以上法院主要业务信息化覆盖率达到100%，国家司法审判信息资源库的审判执行、司法人事和信息化管理信息覆盖率达到100%；实现对诉讼当事人、社会公众和相关政务部门多元化司法需求基本覆盖；全面实现法院专网对人民法庭的网络联通全覆盖，并通过移动互联为各类用户提供主要业务服务；按需实现外部相关主要部门的网络接入和信息互通；高级以上和部分中级法院实现较高程度的信息共享与业务协同；高级以上及部分中级法院大数据智能化服务能够按需支持诉讼服务、审判执行、司法管理等主要业务；全国各级法院实现立案、庭审、执行、听证、文书、审务等全过程司法公开，网上接访、立案、送达、证据交换、查询、咨询、调解等便民措施得到推广应用；人民群众对信息化服务的满意度达到80%以上；等保三级以上重要信息系统全面完成测评和整改；高级以上及部分中级法院健全基础设施、应用、数据和安全运维保障体系，实现运维质效可视化；中级以上法院建立健全信息化人才队伍体系；应用成效评估体系基本形成并覆盖各级法院。总体建成具有中国特色的人民法院信息化3.0版，在审判体系和审判能力现代化建设中发挥突出作用。

到2020年年底，人民法院信息化顶层设计进一步丰富完善，以大数据管理与服务平台为中心，以专有云、开放云和涉密云为支撑，以全流程、全业务应用平台为重点的人民法院信息化系统，向中基层法院延伸拓展。中级以上法院及大多数基层法院主要业务信息化覆盖率达到100%，国家司法审判信息资源库的审判执行、司法人事、司法政务、司法研究、信息化管理信息覆盖率达到100%；按需实现外部相关部门的网络接入和信息互通；通过移动互联能够为各类用户提供全方位服务；各级法院全面实现应用和数据、内部和外部、管理和服务之间的信息共享与业务协同；全国各级法院大数据智能化服务充分支持诉讼服务、审判执行、司法管理等各类业务，全国各级法院立案、庭审、执行、听证、文书、审务等全过程司法公开进一步深化完善，网上接访、立案、送达、证据交换、查询、咨询、调解等便民措施得到普遍应用；人民群众对信息化服务的满意度达到90%以上；非涉密重要信息系统全面完成等保测评和整改；各级法院全面建成基础设施、应用、数据和安全运维保障体系，并实现运维质效可视化；各级法院信息化人才队伍和管理机制不断健全；应用成效评估体系全面完善。人民法院信息化 3.0 版持续深化完善，全面支撑审判体系和审判能力现代化。

四　重点任务

五年发展规划期间全国法院信息化建设应完成四大类共55项任务。

（一）以五年发展规划为牵引，加强顶层设计

通过制定并逐年评估、修订五年发展规划，牵引、加强顶层设计工作。

（1）编制并逐年评估修订五年发展规划

编制全国法院、最高人民法院、高级法院及其辖区法院信息化建设五年发展规划，并逐年评估、修订，滚动发展以统筹各地法院信息化建设，指导技术实践，争取经费投入。

（2）设计信息化建设总体技术方案

依据五年发展规划，对辖区法院信息化建设进行总体技术架构设计和方案论证，以“天平工程”为抓手，明确系统建设、保障体系和效能提升方案，支撑系统研发、数据管理和资源服务等建设工作，保障系统和系统之间、法院和法院之间、法院和外部单位之间的互联互

通、信息共享和业务协同。

（3）建立健全人民法院标准体系

推进人民法院标准化工作，健全标准化管理制度和工作机制。最高人民法院全面修订整合人民法院现行标准体系，完善相关业务标准。建立人民法院信息化标准体系，基础、技术、管理三大类标准规范。各高级法院结合本地审判工作需要和信息化建设特色，扩充本地标准规范。

（4）建立人民法院信息化评价指标体系

最高人民法院建立人民法院信息化评价指标体系，编制建设、应用、服务、管理、保障、成效6个方面的评价指标，各高级法院根据本地信息化工作实际，细化本地评价指标。

（5）实施人民法院信息化科技创新工程

最高人民法院组织实施人民法院信息化科技创新工程，开展核心技术预先研究、关键技术试验攻关，建立人民法院信息技术开发试验平台。鼓励高级法院开展技术创新和本地示范工程，为技术推广积累经验。

（6）健全人民法院信息化综合管理机制

健全人民法院信息化经费预算、评估采购、项目建设、项目监理、项目验收、资产管理、知识产权、运行维护、绩效考评等方面的管理制度，提高投资效益和建设效能。对支持电子送达等应用的法律法规修改提出立法建议。

（二）以拓展融合为重点，加快系统建设

立足现有各类信息系统，在进一步拓展业务应用支持的同时，下大力气推进各类系统的贯通与融合，提高一体化水平。

1. 以云计算为支撑，构建全要素一体化信息基础设施

基于法院专网、移动专网、外部专网、互联网和涉密内网，构建专有云、开放云和涉密云，提升各类基础设施配置水平，通过隔离交换技术实现网间信息共享。

（7）建设法院专有云

基于法院专网、移动专网和外部专网，高级以上法院建设法院专有云，对计算、存储、网络资源进行虚拟化，部署统一的云管理平台，形成数据中心，基于策略实现资源按需服务，提高各类信息基础设施资源的服务能力。

（8）建设法院开放云

高级以上法院和确有需要的中级法院以购买服务方

式租用公有云，形成法院开放云，在确保数据安全的前提下将部署在互联网上的应用迁移到法院开放云，提升互联网应用服务水平和系统承载能力。

（9）分步建设法院涉密内网和涉密云

略。

（10）扩大法院专网覆盖范围

利用有线和无线等通讯手段，将法院专网延伸至人民法庭，配置支撑人民法庭审判信息管理和音视频应用基础设施，实现“最后一公里”全覆盖。

（11）升级法院专网功能性能

扩容专网带宽，核心网络设备实现双设备冗余备份、双链路上行连接，建成大容量、高稳定、不间断运行的专网；高级以上法院建设千兆接入、万兆核心的网络系统；推动网络、计算、存储设备系统软件、应用软件国产化。

（12）建设法院移动专网

建设移动应用支撑平台，实现法院移动办公办案终端的安全接入，并通过移动专网与法院专网间的安全隔离交换系统，支撑移动办公、巡回审判法庭和外出执行等业务运行。

（13）完善外部专网连接

高级以上法院建设外部专网，按需采用专线、电子政务内网、电子政务外网、互联网等多种接入方式与相关部门互联，为部门间信息交换、信息共享和业务协同提供支撑。

（14）建设网间交换系统

高级以上法院及确有需要的中基层法院建设非涉密隔离交换系统，中基层法院也可利用本地区高级法院的非涉密隔离交换系统；高级以上法院及有需要的中级法院建设涉密隔离交换系统。

（15）加强信息管理中心和执行指挥中心建设

中级以上人民法院按需统一或分别建设信息管理中心和执行指挥中心。信息管理中心应具备统一调度、多级指挥、集中展示功能，实现信息汇聚、信息管控和安全策略部署；执行指挥中心应具备多级指挥功能，实现统一指挥、执行现场音视频实时传输和交换。

（16）建设标准化诉讼服务大厅

各级法院按照《最高人民法院关于全面推进人民法院诉讼服务中心建设的指导意见》，建设完善诉讼服务大厅，配置技术装备和信息系统，对接诉讼服务平台，支撑线上线下“一站式”诉讼服务。

（17）推进音视频融合共享

高级以上法院建设音视频综合管理调度平台，中基层法院接入高级法院的音视频综合管理调度平台，实现四级法院视频联网。各级法院建设完善视频会议、科技法庭、远程提讯、远程接访、执行指挥和安保监控等视频系统，并完成高清改造。

（18）完善科技法庭建设

各级法院结合本院审判工作实际，按需建设科技法庭，满足“每庭必录”要求；庭审音视频纳入中级以上法院信息管理中心统一调度，庭审音视频巡查纳入审判管理范畴；各级法院按需配置移动（便携式）科技法庭，在巡回审判车上配置科技法庭装备。

（19）建设数据备份中心

最高人民法院建设南北两个数据备份中心，高级法院以省为单位将重要数据备份到南或北数据备份中心，保障数据安全可用。

（20）建设标准化机房

最高人民法院选用或制定全国法院机房建设规范，各级法院根据建设规范完成标准化机房改造、建设或租用。

（21）推广建设数字化会议系统

在审委会会议室、大法庭等重要场所，建设数字化会议系统，支持远程业务、远程视频会议、在线培训等应用。

2. 聚焦“一站式”服务，构建全业务全流程业务应用平台

以现有各类应用系统为基础，以打通数据接口、集成应用界面、拓展和完善业务功能为目标，构建以法官为中心的融合审判、执行、人事、司法管理等各类应用系统的内部融合平台，以当事人和律师为中心的融合司法公开、诉讼服务、法制宣传等各类应用系统的外部服务平台，并贯通内部工作融合平台和外部服务融合平台，形成“一站式”综合服务平台。

（22）改造完善司法公开平台

根据最高人民法院司法公开要求和建设规范，改造完善司法公开三大平台。拓展司法公开广度和深度，充分运用微博、微信、手机 APP、网站等主流技术手段，实现电子证据、电子卷宗、庭审音视频等实体信息公开，实现将所有应当公开的内容及时准确公开，实现平台内和平台间案件在一审、二审、再审过程中流程、文书、执行等信息自动关联，实现案件及其关联案件“一站式”信息查询。完善用户导航、行为分析、建议收集等功能，实时评估司法公开效果。

（23）构建全流程诉讼服务平台

高级以上法院建设完善辖区法院诉讼服务网，整合网上诉讼、律师服务、申诉信访、人民陪审员管理等平台和功能，结合诉讼服务大厅，为人民群众提供“全流程”诉讼服务。支撑诉讼服务从信息提供向业务参与转变，从个别流程参与向全流程参与转变，融合线下和线上司法资源，开展网上立案、缴费、证据交换、法律程序申请、阅卷、开庭、送达、调解等工作；实现收集用户评价和问题反馈功能；积极参与“互联网+”益民服务行动，实现与其他部门公共服务协同。

（24）建设全国统一12368诉讼服务热线

以最高人民法院和各高级法院现有12368诉讼服务热线为基础，尽快推广实现12368诉讼服务热线覆盖全国法院；以省为单位健全人工坐席服务机制，并实现12368短信服务全国统一管理和交互；实现收集用户评价和问题反馈功能；与其他诉讼服务系统及法院内部审判执行应用系统贯通，充分纳入全流程诉讼服务平台。

（25）整合全国法院政务网站

按照政务网站管理要求，以省为单位整合人民法院政务网站，按需提供民族语言支持，基于中国法院网形成中国法院政务网站群。加强热点案件报道、大法官留言、院长信箱、监督举报、沟通联络等栏目建设，与微博、微信、APP 客户端、手机电视等新媒体渠道相结合，同步开展司法宣传。

（26）以支持横向融合和纵向协同为重点升级拓展审判业务系统

依据《最高人民法院关于全面深化人民法院改革的意见》和人民法院相关标准规范，以省为单位升级拓展审判业务系统，强化与执行、信访等其他应用系统融合，实现案件信息自动关联；实现对证据及采信、庭审音视频等实体信息管理，形成电子诉讼档案，实现上诉审电子卷宗移送和司法统计自动生成；按需支持民族语言；支持跨行政区划案件审理，证据裁判，轻微刑事案件快速办理，案件受理制度，主审法官、合议庭办案机制，院、庭长审判监督机制，司法协助等司法改革要求；实现上下级法院、跨辖区法院，以及与检察院、监狱等政法相关单位之间的业务协同。

（27）以加强执行联动为重点拓展执行业务系统

最高人民法院建设全国执行案件流程节点管理系统，实现对全国执行案件的流程节点管控，支持执行案件流程和文书公开；以高级法院为单位建成执行指挥系统，形成辖区法院上下一体、协调统一运行机制；升级改造网络查控系统，按需实现与查控单位的业务协同；建设或完善信用惩戒系统，实现与社会诚信体系的全面联动，形成信用惩戒新模式；以自建或租用模式为网络司法拍卖提供技术支撑；建设财产刑执行管理系统，支持财产刑执行统一管理。

（28）以四级法院信访业务贯通为目标完善信访业务系统

完善信访业务系统，支持四级法院涉诉信访工作业务贯通，支持信访终结和接访督导管理；实现与诉讼服务平台融合，与信访部门的系统对接。

（29）以提升精细化管理能力为重点完善审判管理系统

建设完善案件质效评估、案件质量评查、审判流程管理、审判运行态势分析、审判绩效考核、审判委员会事务管理六类审判管理应用，实现案件质效自动评估，庭审和文书等自动化评查，强化审判流程节点管控，促进审判质效提升。

（30）建设基于大数据智能服务的审判支持系统

建设完善案例参考、量刑规范、线索发现、舆情分析等审判支持应用，无缝集成到审判业务系统，智能辅助法官办案，支持法律统一适用、贯彻证据裁判原则、裁判文书说理等司法改革要求。

（31）基于法院专网建设全国四级法院内部网站

各级法院建设或完善基于法院专网的内部网站，最高人民法院建设专网门户。整合全国法院内部网站信息，实现即时消息协作、通知、发文、信息报送、业务交流、桌面视频、图书馆、专业资源库等信息融合，进一步支持上下贯通的法院专网网站信息共享；建设法官教育培训平台，实现法官线上培训学习功能。

（32）推动办公办案系统向移动应用延伸

以省为单位将办公和办案系统向移动端拓展，实现移动端办案、办公、办会，以及现场庭审录像、文书制作、远程电子签章、外出执行（送达）等功能，促进移动应用向其他司法业务领域延伸。

（33）建设涉密应用系统

略。

（34）以实现人与案、事融合为重点扩展人事管理系统

最高人民法院完善全国法院人事管理系统，建设全国法院司法警察执法资格等级考试和警衔评定等应用；各级法院建设支持法院人员分类管理、法官员额管理、法官选任管理、法官业绩评价、法官教育培训及法官工资管理等司法改革要求的新型法院人事管理系统，并与审判执行和司法管理等应用系统融合，实现人事、案件、政务信息共享，支持对法官工作进行动态管理和全方位监督评价。

（35）以司法政务精细化管理为目标扩充司法管理系统

建设支持行政事务、档案、纪检监察、财务、后勤装备、司法研究、信息化和司法辅助等管理的司法管理业务应用系统，并与审判执行、人事管理等应用系统融合，实现以案件、人、事为维度的司法政务精细化管理，满足省级以下人财物统管司法改革需求。配合有关部门，推动建设跨部门的地方涉案财物集中管理信息平台。

3. 以提高“数据治理”能力为目标，构建信息资源智能服务体系

高级以上法院构建司法审判信息资源库，不断拓展数据汇集范围，促进各类数据深度融合。建设大数据管理和服务平台，强化数据集中管理和共享交换，提升人民法院大数据智能化服务水平。

（36）以数据全覆盖为目标建设司法审判信息资源库

最高人民法院建设完善全国司法审判信息资源库，高级法院建设完善辖区法院司法审判信息资源库，依据人民法院信息化标准，将数据资源范围从审判执行数据扩展至司法人事、司法政务、司法研究和信息化管理数据，并按需扩充外部数据，集成国家基础信息资源库；通过各类数据关联，实现高级以上法院之间“案件、人员、财物、外部”数据的一体化。

（37）以提升数据质量为核心完善大数据管理系统

高级以上法院以大数据管理和服务平台为基础，建立大数据管理体系，建立和完善大数据管理系统，支持分布式数据处理，实现对结构化、半结构化和非结构化数据的存储和管理，支持审判、执行等业务应用系统；各级法院开展元数据和信息资源目录管理；加强数据质量管理，保证数据的准确性，建立长效数据互信机制。

（38）以大数据管理和服务平台为基础建设完善数据共享交换系统

高级以上法院基于大数据管理和服务平台，建设数据共享交换系统，实现法院之间和法院内外的数据共享和交换，支持各级法院内部及其与外部应用系统之间的业务协同。

（39）建立大数据分析系统

高级以上法院以大数据管理和服务平台为基础，拓展建设大数据分析系统，构建审判业务、司法文书和机器学习算法数据分析模型，利用商业智能、大数据分析和可视化手段，对司法审判信息资源库中的数据进行挖掘、分析和展现，支持多维分析、关联分析、趋势预测等大数据智能服务。

（40）开发司法公开和诉讼服务智能服务

高级以上法院面向人民群众、其他政务部门开发司法公开和诉讼服务智能服务，提供诉讼服务效果分析、当事人信用、案件胜败诉因素、立法建议、司法建议、社会管理专题、案例研判、信访咨询和法院审判工作白皮书等公开与诉讼服务和对外司法大数据分析服务，并与司法公开、诉讼服务等应用系统实现无缝集成，为人民群众和其他政务部门提供更有价值的司法服务，促进经济社会发展。

（41）开发决策支持和监控预警智能服务

高级以上法院面向审判执行，开发智能辅助办案、审判智能决策、执行智能决策和风险自动识别预警等决策支持及监控预警智能服务，并与审判执行业务和审判管理等应用系统实现无缝集成。

（42）开发司法研究和工作评估智能服务

高级以上法院面向司法管理，开发审判资源配置评估、司法研究与指导、司法统计分析、人员选拔评价、工作量智能评估、信息化成效评估和视频智能分析等司法研究和工作评估智能服务，并与管理决策和人事工作等应用系统实现无缝集成，为参与社会治理、促进经济社会发展提供决策服务。

（三）与系统建设和应用需求相适应，强化保障体系

根据人民法院信息化转型升级要求，建立规范化安全保障体系、质效型运维保障体系、专业化人才保障体系，为信息化建设持续发展提供有力支撑。

（43）持续开展非涉密重要信息系统等级保护工作

各级法院根据《人民法院非涉密重要信息系统安全等级保护定级工作指导意见》要求，在开展信息系统建设同时，开展定级备案工作；按照《人民法院信息系统安全等级保护基本要求》，建设符合保护等级要求的信息安全设施，制定并落实符合保护等级要求的安全管理制度；建设安全测评管理平台；保护等级为第三级的信息系统运行过程中，至少每年进行一次等级测评，发现不符合相应等级保护标准要求的及时整改。

（44）完成涉密信息系统建设和分级保护工作

略。

（45）建立全国法院业务应用统一身份认证体系

最高人民法院制定全国法院业务应用统一身份认证技术规范和建设要求，开发统一身份认证融合平台；各级法院按需部署统一身份认证融合平台节点和相关设施，与法院人事系统对接，与各类业务应用认证方式集成，实现全国法院业务系统用户身份统一认证。

（46）建立科学的质效型运维管理体系

各级法院依据自身信息化建设基础和运维管理现状，建立信息系统应用成效评估方法，从运维组织、运维管控、运维过程、运维资源四个方面建立质效型运维管理体系，最大限度发挥信息系统的应用成效。

（47）健全完善基础设施和应用运维体制机制

健全完善基础设施运维系统，实现对法院专有云、开放云和涉密云环境中的主机、存储、系统软件、网络、机房等基础设施进行监控和管理；健全完善应用运维系统，对应用系统的运行状态及响应时间、负载等主要性能参数进行监控和管理，建立并落实规范化基础设施和应用系统运维机制。

（48）建立健全数据运维和安全运维体制机制

集成大数据管理和服务平台、数据备份系统等数据相关系统的运维管理功能，建设数据运维系统，实现对数据存储管理、传输交换等过程的实时监控和管理，开展数据质量管理和数据分析服务工作；建设安全运维系统，集中监控和管理安全设备，实现安全状态监控及全网安全态势分析；建立并落实规范化运维机制，对数据资源和安全防护系统实施运维工作。

（49）建设信息系统应急处理平台

中级以上法院根据应急管理相关要求，按需建设信息系统应急处理平台，实现应急值守、监测防控、预测预警、辅助决策、应急处置、模拟演练等功能，提供应急处理预案，提高对各类突发事件的应急响应能力。

（50）建设推广可视化运维平台

中级以上法院建设可视化运维平台，建立信息系统质效评价指标体系，集成基础设施、应用、数据和安全运维系统，基于运维系统采集的各类信息进行信息系统质效评价，并以可视化方式展现。

（51）全面落实人才队伍建设意见

全面落实最高人民法院《关于人民法院信息化人才队伍建设的意见》，定期开展执行情况检查和评估，总结先进经验，查找存在问题，制定完善细则，督促贯彻实施，为人民法院信息化建设快速发展提供坚实的人才保障。

（四）以大力推广和质效评估为杠杆，提升应用成效

围绕信息化建设的根本目标，以加大宣传推广、开展质效评估为重点，提高法院信息化应用认知度，改进完善信息系统应用方式，最大限度提高法院信息化应用成效。

（52）建立信息化应用推广宣传体系

整合新媒体、平面媒体等各类宣传推广资源，建立多渠道、全方位的法院信息化应用宣传体系，分类分层次地向社会公众、律师及法律工作者、各级法院法官及法院工作人员进行应用发布公告、应用案例介绍、应用成果报告等方面的推广宣传。

（53）建立应用成效提升培训机制

以法官为对象加强审判执行业务应用的使用培训，以领导和管理干部为对象，加强司法管理应用的使用培训，重点加强对成效显著的案例和试点示范项目的总结和交流培训力度。

（54）建设司法为民应用成效评估系统

最高人民法院建设司法为民应用成效评估系统，各类司法为民服务应用调用该系统提供的满意度调查、投诉建议等功能，实现对人民群众、律师、当事人等服务对象的满意度及反馈建议的采集，并为管理人员提供分类统计和评估功能，为应用系统开发人员提供系统持续优化的依据。

（55）建立应用成效评估和改进机制

以人民群众、律师、当事人为主要服务对象，以服务及时性、服务满意度等为关注点，利用司法为民应用成效评估系统，形成针对司法为民应用的成效评估机制；

以法官为服务对象，以应用使用率、方便快捷度、业务支撑能力、系统智能化等为关注点，形成针对审判执行核心应用的成效评估机制；以各级领导和管理干部为服务对象，以数据应用效果、决策支持能力、管理业务协同融合能力等为关注点，形成针对司法管理应用的成效评估机制。高级以上法院建立辖区法院评估指标发布、指标指数反馈、指标评估、结果通报、问题分析和改进机制，提升信息化的整体应用成效。

五　保障措施

为完成上述重点任务，实现信息化3.0版建设目标，各级法院要以求真务实的精神狠抓落实，积极贯彻以下保障措施。

（一）统一思想认识，加强组织领导

进一步提高对信息化保障依法治国的认识，使各级领导、广大干警，切实从“科学技术是第一生产力”的高度，把信息化作为人民法院现代化建设的一项战略性、基础性和全局性工程，使信息化工作与审判执行工作同部署、同安排、同落实、同检查；完善并充分发挥各级法院信息化建设领导小组对辖区法院信息化建设的战略统领和规划指导作用，构建全国一盘棋的管理机制，增强上级法院对下级法院信息化建设的管理和督促职责，确保各项任务落到实处。

（二）培育优秀人才，强化队伍保障

按照《关于人民法院信息化人才队伍建设的意见》，

针对人民法院信息化建设涉及面广、研制难度大的特点，重点培养、引进并在实践中锻炼、选拔优秀信息化建设管理和技术人才，切实保障优秀人才引得进、留得住、用得好、成长快，并发挥优秀人才的领军作用，建立完善专业分类齐全、梯次结构合理、人员数量充足的人才队伍体系，为人民法院信息化建设提供坚强的组织保障。

（三）加大经费投入，优化资源配置

积极推动各级法院信息化建设五年发展规划与地方经济和发展“十三五”规划的衔接，争取各级政府大力支持，努力拓宽各类经费筹措渠道，在保持建设经费投入的同时，加大安全、运维和人才等信息化保障以及应用成效提升专项资金投入；做好规划项目的立项审批、资金保障和组织实施工作，保证地方投资足额、及时到达；以五年发展规划为依据编制财政预算，建立会同财政部门编制预算的会商和协调制度，加强对法院信息化建设经费的全面预算管理；防止重复建设和投资浪费，充分实现法院信息化资源的优化配置与信息化应用的相互促进。

（四）加强科技攻关，实现创新驱动

加大对前沿技术研究的支持，引导地方和行业部门加大科技投入，重点解决促进审判体系和审判能力现代化发展中的重大科技问题；深入实施知识产权和技术标准战略，提升法院信息化产业竞争力；高级以上法院要在法院信息化重点技术领域合作建立科研战略联盟，形成优势互补、协同配套、风险共担、权益共享的运作机制；完善国内科技合作计划体系，建立人民法院信息化工程中心，打造人民法院科技合作平台，逐步形成科技创新驱动法院信息化建设的良好态势。

（五）运用系统方法，严格工程管理

加强与国家《国民经济和社会发展第十三个五年规划》的衔接部署，重视与《“十三五”国家政务信息化工程建设规划》等重点专项规划以及各地方经济社会发展规划的协调；强化规划对年度计划执行和重大项目安排的统筹指导，确保各项建设任务落到实处；加强上下级法院之间的衔接，建立目标一致、方向统一、环环相扣的信息化规划实施体系；各级法院要按年度制定并上

报年度信息化工作报告及发展规划；加强信息化建设项目全过程管理，强化工程监理，规范信息化建设流程，严格项目概算调整和工程项目档案管理制度。

（六）廉政警钟长鸣，依法合规建设

针对信息化建设投资规模大、廉政风险高的特点，各级法院要对信息化建设管理和技术人员加强教育、培养自觉，践行“三严三实”，按照廉洁从政要求构建廉政风险防控机制，切实增强法纪意识，主动接受内外监督；始终坚持廉政建设常抓不懈，在重大项目上坚持集体讨论制，针对立项、采购、招标、评审、验收、资金使用等环节建立科学规范的项目管理和监督审计制度，严把关口，涉及重大资金使用和信息化建设重大事项要依照有关规定研究决定；发挥纪检监察部门作用，强化管理和制度监督，确保风清气正的信息化建设环境。

附表　人民法院信息化标准编制计划（略）

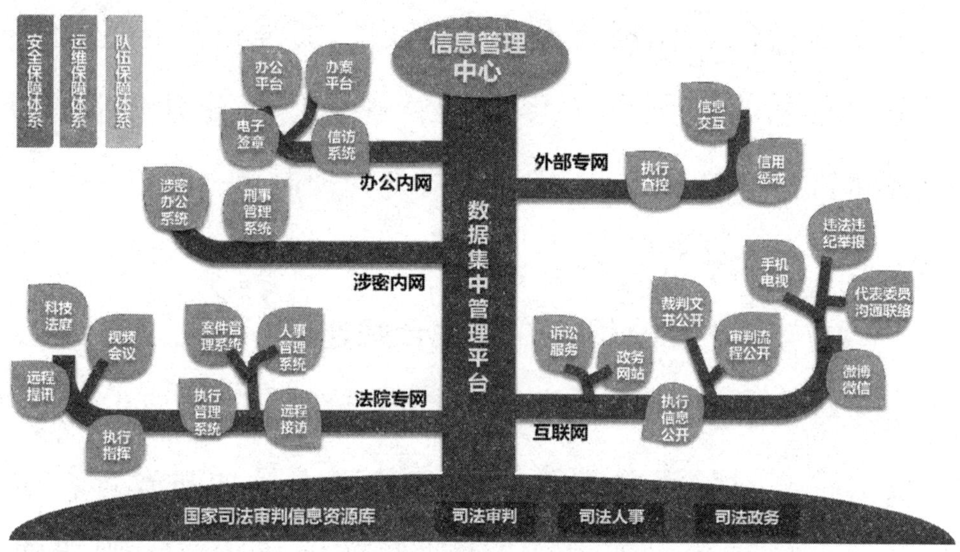

附图 1　人民法院信息化常青之树 2.0 版

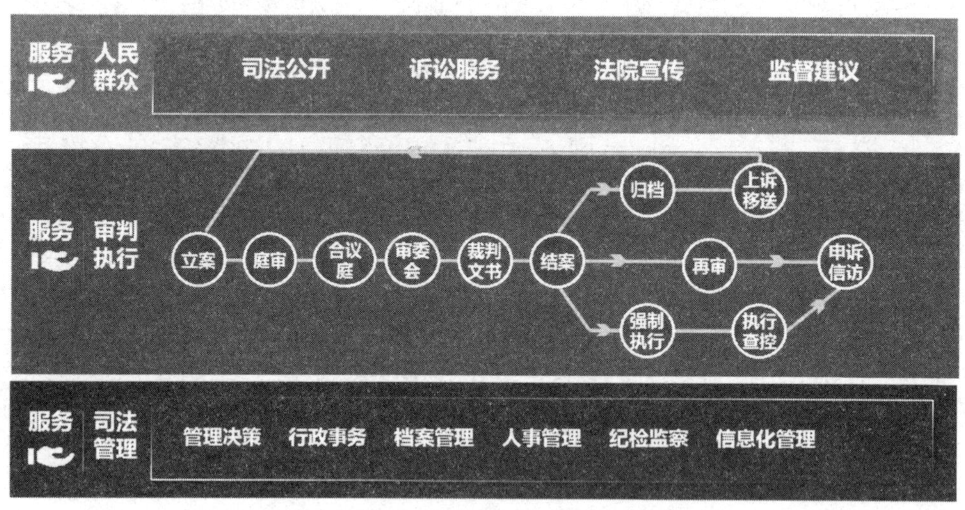

附图 2　人民法院业务框架

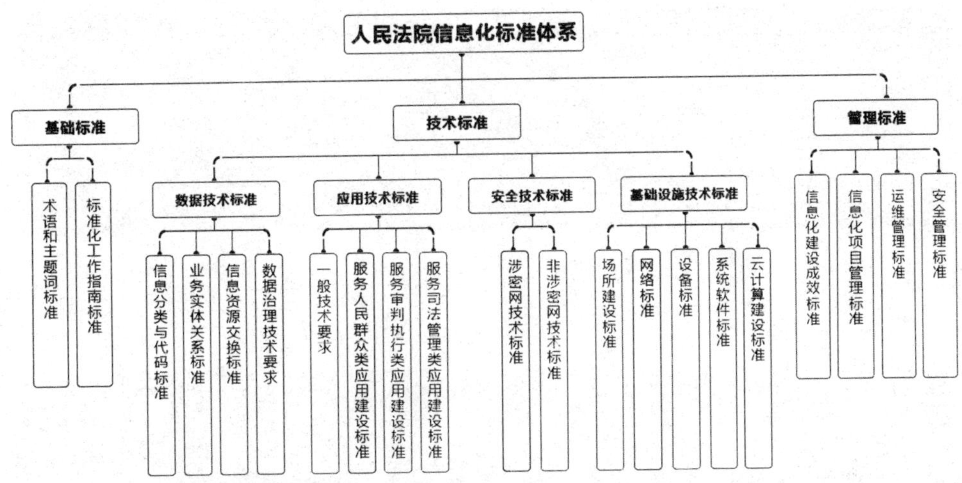

附图 3　人民法院信息化建设目标图像——信息化标准规范建设

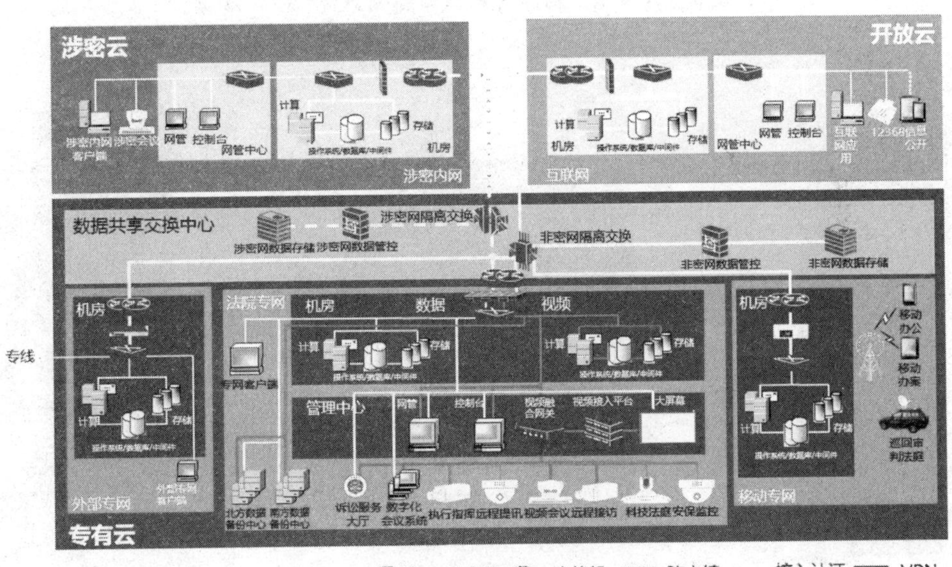

附图 4　人民法院信息化建设目标图像——基础设施建设

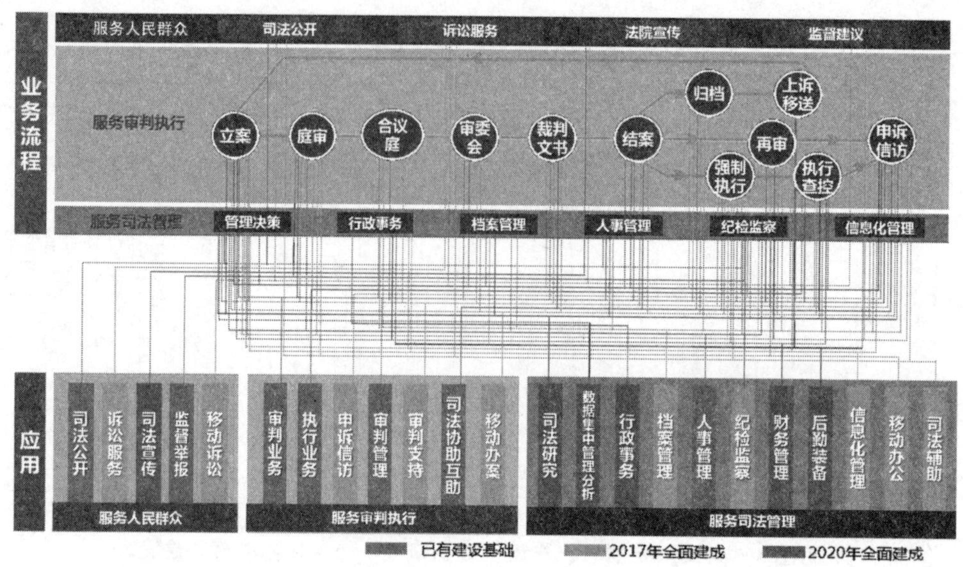

附图 5　人民法院信息化建设目标图像——应用建设

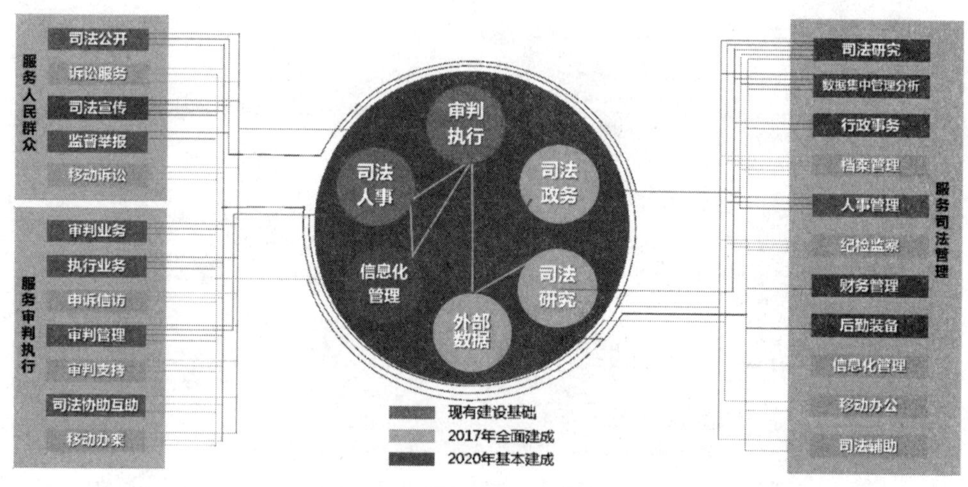

附图 6　人民法院信息化建设目标图像——信息资源建设

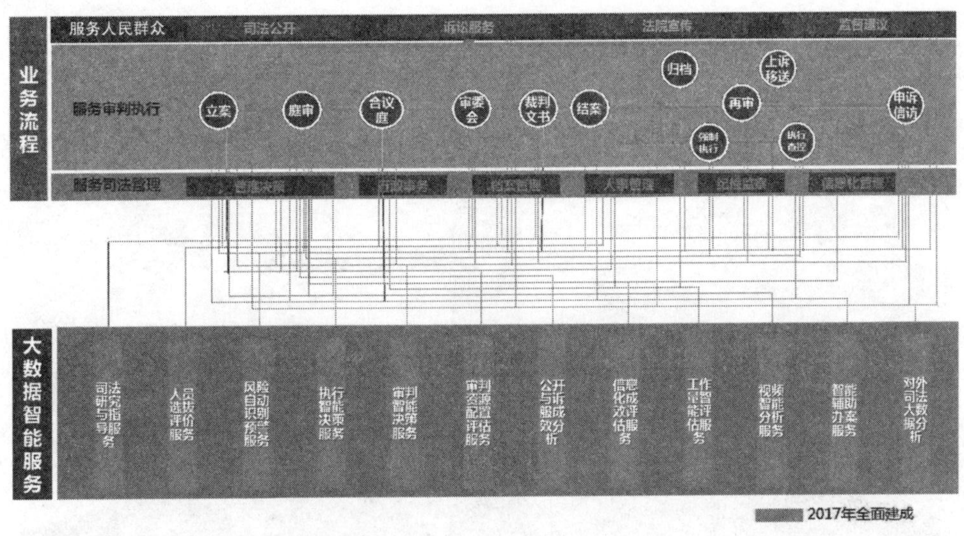

附图 7　人民法院信息化建设目标图像——大数据服务建设

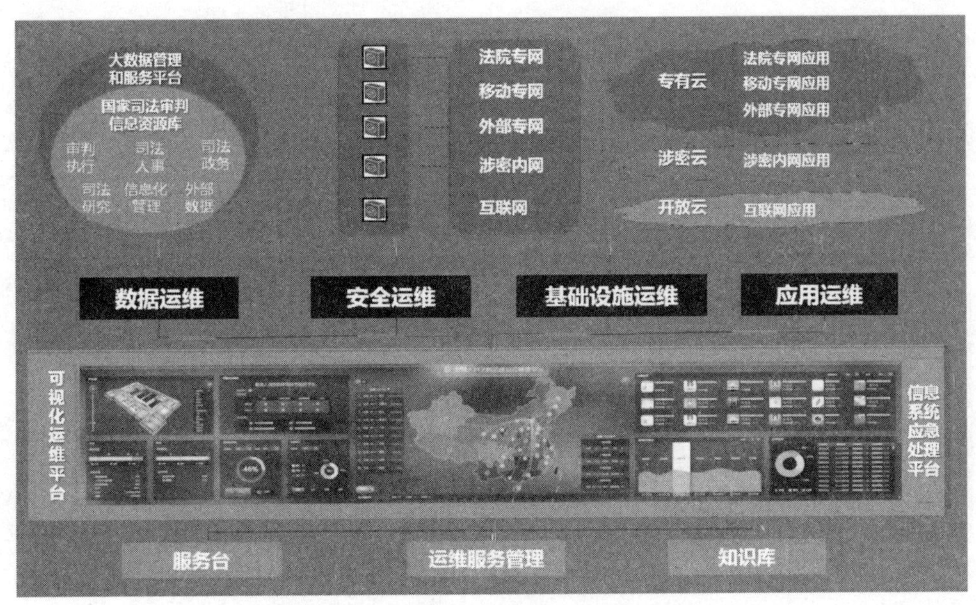

附图 8　人民法院信息化建设目标图像——运维保障体系建设

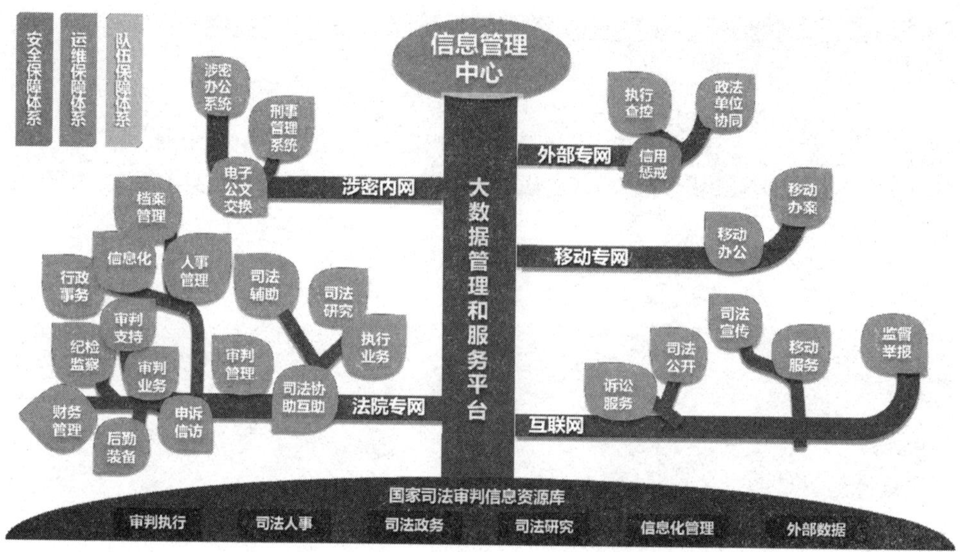

附图 9　人民法院信息化常青之树 3.0 版

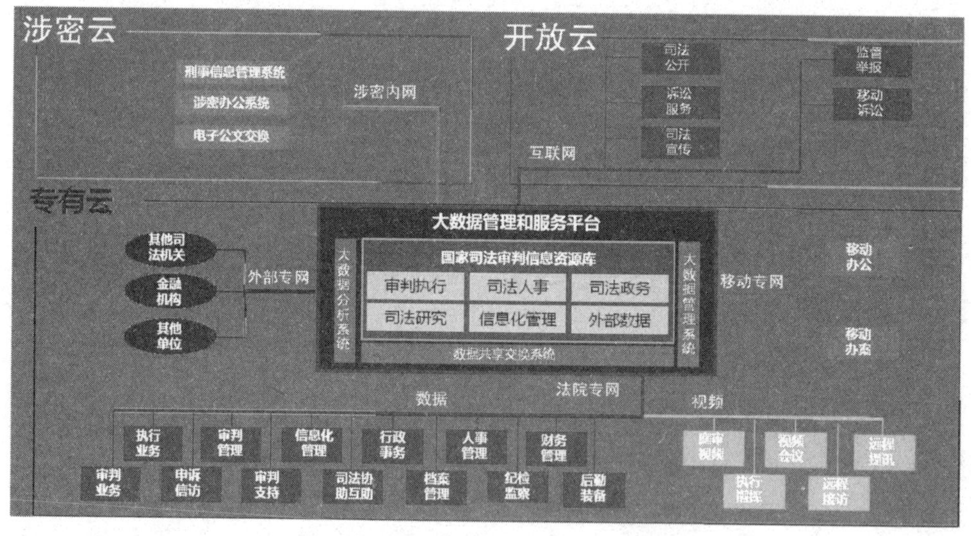

附图 10　人民法院信息化建设总体框架

田禾，中国社会科学院法学研究所法治国情调研室主任、国家法治指数研究中心主任、研究员、《法治蓝皮书》主编、法治指数创新工程首席专家。研究方向：实证法学、司法制度。

吕艳滨，中国社会科学院法学研究所研究员、法治蓝皮书工作室主任、国家法治指数研究中心副主任、《法治蓝皮书》执行主编、法治指数创新工程执行专家。研究方向：行政法、信息法。